EXPOSITION

D'UNE

METHODE RAISONNÉE

POUR APPRENDRE

LA LANGUE LATINE.

A PARIS;

Chez { ETIENNE GANEAU, Libraire, rue S. Jacques;
QUILLAU, Pere & Fils:
JEAN DESAINT, Imprimeurs-Libraires-
Jurez de l'Université, rue Galande,
proche la rue du Fouare.

MDCCXXII.

AVEC APPROBATION ET PRIVILEGE DU ROY.

A MESSIEURS

DE BAUFFREMONT.

MESSIEURS,

Le désir extrême de vous être utile m'a fait mettre en ordre cette Méthode que je vous offre. Vous en êtes le motif & la ju-

ſtification. Puiſſe-t-elle contribuer à vous faire acquérir ce mérite perſonnel, qui eſt ſi fort au-deſſus des agrémens les plus aimables, & de la naiſſance la plus illuſtre; c'eſt un ſouhait que votre jeune âge m'autoriſe de former, & que vos diſpoſitions naturelles, & l'exemple de vos Ancêtres m'aſſurent que vous remplirez. J'ai l'honneur d'être,

MESSIEURS,

Votre très-humble & très-obéiſſant ſerviteur,

DU MARSAIS.

EXPOSITION
D'UNE
METHODE RAISONNÉE
POUR APRENDRE
LA LANGUE LATINE.

LA Méthode que je propose, a eû un succès si promt & si facile, dans quelques éducations particulieres, que j'ai cru pouvoir en faire un usage qui la rendît plus utile au Public.

Ce n'est point une simple routine ou de vaines spéculations que je propose, c'est une pratique éprouvée, & une imitation raisonnée de la maniere dont on aprend les Langues vivantes.

Le but principal de cette Méthode c'est de former l'esprit, en acoutumant les jeunes gens, sans qu'ils s'en aperçoivent, à mettre de l'ordre dans leurs pensées, à sentir les raports naturels des idées, à démêler les équivoques, & à tout raporter à de veritables principes : ce qui donne dans la suite de la vie une justesse d'esprit, où il me semble que les Méthodes ordinaires ne conduisent point.

Cette Méthode a deux parties, la Routine & la Raison. Je veux dire que ce n'est que dans la seconde partie que l'on fait rendre raison de ce qu'on n'a d'abord apris que par routine.

Dans les Méthodes ordinaires, on aprend le Latin à peu près comme feroit un homme, qui pour aprendre à parler à un enfant, commenceroit par lui montrer la Mécanique des organes de la parole.

Pour moi j'aprens d'abord à parler, en disant simplement, dites un tel mot, & ensuite j'examine la Méchanique de la parole.

Au reste je n'ai pas dessein de m'ériger ici en Réformateur, & encore moins en Critique ; & si je parle quelquefois de la Méthode ordinaire, ce n'est qu'autant qu'il en faut pour expliquer celle, dont je puis prouver que je me suis servi avec succès, laissant aux autres, comme il me convient, pleine liberté d'agir autrement.

PREMIERE PARTIE.

De la Routine.

POUR ſçavoir la Langue Latine, on doit aprendre :

1°. La ſignification des mots latins.

2°. L'inverſion latine ou tranſpoſition des mots qui ne ſont pas placez dans l'ordre naturel que l'on ſuit en françois.

3°. Les Ellipſes, c'eſt-à-dire les expreſſions où il y a des mots ſous-entendus.

4°. Enfin les Latiniſmes, ou façons de parler, qui ſont particuliéres à la Langue Latine.

Voici la route que je fais ſuivre pour ſurmonter ſans peine ces quatre ſortes de difficultez.

§. I.

De la ſignification des mots.

A l'égard de la ſignification des mots, je ne ſçai pourquoi on n'employe pas les premiéres années à les aprendre ; car après tout, ſçavoir une Langue, c'eſt en entendre les mots. Les enfans ont de la mémoire, & cette étude ne demande aucune application ; ainſi c'eſt par là que je crois devoir commencer.

Je fais d'abord aprendre aux enfans les mots latins de toutes les choſes ſenſibles qui frapent leur imagination, *le feu*, *le pain*, *&c.*

Les enfans ſont ravis d'aprendre ces mots, & qu'on les leur demande ; d'où il réſulte deux grands avantages, le premier, la ſcience des mots latins ; & le ſecond, une proviſion d'idées & de connoiſſances.

Cette proviſion d'idées doit être un des principaux objets de l'éducation ; c'eſt dans cette vûe que j'ai compoſé un petit Traité à la portée des enfans pour leur donner une idée de la Nature, des Arts & des Sciences, & j'eſpére leur en rendre la lecture plus utile & plus amuſante par le ſecours des figures.

Je ſçai bien que ce deſſein a été exécuté en quelque maniére par le P. Pomey dans ſon *Indiculus univerſalis* : mais il n'y a que des mots dans ce Livre, & ſouvent fort impropres. Avant lui, Commene Auteur du *Janua Linguarum* avoit eu auſſi une idée ſemblable, & plus vaſte ; mais il y a bien des fautes dans ſon Livre &

Ce Livre de Commene a pour titre: *Orbis ſenſualium, Noriberga 1666.*

pour les mots & pour les choſes. Quoique le Livre de Commene, tel qu'il eſt, ſoit bien plus à la portée des enfans que le Songe de Scipion, ou ſes Paradoxes, &c. qui ſuppoſent des idées que les enfans n'ont point encore acquiſes.

Un Auteur moderne l'avoit fait imprimer ſous le titre de *Speculum naturæ & artis.*

Je fais copier les mots de ce Traité à ceux qui ſont dans l'âge d'aprendre à écrire. L'écriture eſt un point capital qu'on ne doit pas négliger. Les grands Maîtres en éducation ont toujours conſeillé de faire beaucoup écrire. L'écriture n'eſt qu'une affaire d'habitude qui ſe contracte auſſi-bien en copiant des mots latins, dont on aprend la ſignification, qu'en écrivant *Commis*, ou *Romorantin.*

C'eſt dans la même vûë que je fais copier tous les jours quelques lignes d'un Recueil, où tous les Verbes latins ſont écrits en quatre colonnes par ordre alphabétique.

Amáre, amo, amávi, amátum. *aimer.*

Ils apprennent par cet exercice les Prétérits & les Supins. Les régles latines ou françoiſes qu'on en donne, m'ont toujours paru fort pénibles & fort inutiles. C'eſt l'uſage ſeul qui aprend les Prétérits & les Supins. J'en appelle à tous les Sçavans qui ne font point le mêtier d'enseigner, il n'y en a pas un qui n'ait oublié la régle, & qui ne se ressouvienne de la plûpart des Prétérits & des Supins ; l'usage les a gravez dans leur esprit. J'ai observé qu'il faut plus de temps pour aprendre la régle que pour aprendre les verbes qu'on veut qu'elle explique. Je fais lire le soir & le matin ce qu'on a copié du Recueil dont je viens de parler, & en peu de temps tous les verbes sont apris avec leur signification. Ce qui est une avance très-considérable ; car il ne sçauroit y avoir de proposition sans un verbe exprimé ou sous-entendu, ainsi on est bien-tôt parvenu au point de ne pouvoir tomber sur aucune phrase latine dont on n'entende le verbe, c'est-à-dire le mot principal.

Tous ces mots se doivent graver dans l'esprit par une répétition sagement conduite. On doit faire aprendre peu de mots par jour, plus ou moins selon la portée de chaque mémoire particuliere ; & lorsque dans les répétitions on s'apperçoit qu'ils cherchent les mots qu'on leur demande, on doit se hâter de les prévenir, pour ne point forcer leur mémoire C'est toujours un usage réitéré qui retrace le mot dans l'esprit, & qui écarte le dégoût qui eſt le plus grand de tous les obſtacles, & qui n'eſt ordinairement cauſé que par la contention d'eſprit.

On fait auſſi aprendre quelques phraſes qui entrent dans la converſation, ce qui donne un goût infini aux enfans pour le Latin. Ils aiment à faire parade de ces mots & de ces phraſes, leur amour propre ſe trouve flatté, & c'eſt une paſſion, dont on peut faire un fort bon uſage.

Il eſt vrai que c'eſt principalement par la lecture des anciens Auteurs que vient l'abondance des mots latins : mais les enfans ne ſont pas en état de les lire ; & c'eſt pour les y diſpoſer que je leur fais d'abord aprendre des mots latins qui leur plaiſent, & qui ne demandent point l'aplication qu'exige une lecture ſuivie : de ſorte que quand dans la ſuite ils viennent à lire, ils ne ſont pas expoſez au dégoût qu'éprouvent ceux qui ſont obligez de chercher tous les mots de leur Auteur. Le plaiſir qu'ils trouvent à rencontrer des mots de leur connoiſſance, les flatte, & les fait lire avec moins de peine & plus long-temps.

On ne doit pas non plus négliger de faire obſerver les mots racines, quand on en trouve en ſon chemin, les étimologies ſervent à faire entendre la force des mots, & à les retenir par la liaiſon qui ſe trouve entre le mot primitf & les mots dérivez : de plus elles donnent de la juſteſſe dans le choix de l'expreſſion.

Je me ſers pour cela du petit Dictionnaire de M. Danet, où les mots ſont rangez par racines. Ce Livre eſt preſque inconnu, & n'a point eu de ſuccès, parcequ'on n'en fait aucun uſage dans les Colléges, il eſt pourtant fort utile pour fixer les mots dans l'eſprit ; par exemple ſur *amo*, il remarque

Amor, oris, amatrix.
Amator, oris, amatoriè.
Amicus, amabilis.
Amica, amabiliter.
Amicè, amicitia. &c.

Rapports de la Langue Latine, à Paris 1672.

Il y a auſſi un petit Livre qui n'a pas eu plus de cours, où l'Auteur a rangé de ſuite les mots latins qui deviennent françois par l'addition, par le retranchement, & par le changement de quelque lettre, comme Actio, *action*, Ænígma, *Enigme*, &c.

Moliere t. 4.

Je ſçai bien que ces petites obſervations ſe font aſſez toutes ſeules, & que les enfans ne ſont guéres embarraſſez à ces ſortes de mots. *Lubin* dans *George Dandin* entend que *Collegium* veut dire un Collége. Cependant cette pratique peut être utile, ſi elle eſt bien ménagée; elle diſpenſe de la peine que l'on prendroit pour chercher comment *Enigme* ſe dit en latin, ſi l'on ne ſçavoit pas qu'on en eſt quitte pour le changement d'une lettre.

Je fais auſſi écrire dans un cayer à part les mots que je m'apperçois qu'ils ont oubliez, & ceux dont la ſignification eſt plus difficile à retenir.

§. II.

De l'inverſion.

A l'égard de l'inverſion latine, c'eſt ce qui donne le plus de peine aux jeunes gens. Ils ſont accoutumez à rendre leurs penſées, & à entendre celles des autres, ſelon l'ordre naturel que la Langue Françoiſe ſuit preſque toujours; ainſi quand cet ordre eſt renverſé, ils ne conçoivent point le ſens de la phraſe, lors même qu'ils entendent la ſignification de tous les mots.

L'arrangement des mots françois fait entendre en quel ſens ils ſont pris, au lieu qu'en latin, c'eſt la terminaiſon des mots qui détermine le rapport, ſous lequel le mot doit être consideré.

Le Roy aime le peuple : cela fait un sens: Si vous changez les mots de place, & que vous disiez, *le peuple aime le Roy*, cela sera un autre sens en françois ; au lieu qu'en latin il est indifférent de placer le peuple, ou le Roy avant ou après le verbe; mais la terminaison sera différente, & par là on reconnoîtra celui qui aime, ou celui qui est aimé. C'est pourquoi les noms françois ne se déclinent point, c'est-à-dire ont toujours la même terminaison ; leur place encore un coup & les prépositions en réglent le sens.

En latin les mots changent de terminaison pour marquer les différens rapports, sous lesquels on considére un même mot : c'est ce qui fait qu'en latin les mots se trouvent souvent fort éloignez de leur régime naturel.

La Méthode ordinaire rebute les commençans en les obligeant d'expliquer les Auteurs Latins avec leurs inversions. Le Disciple n'est point accoutumé à connoître le sens d'un mot par la seule terminaison ; ainsi il ne sçauroit démêler au milieu d'une page le mot qu'il doit prononcer le premier. J'en appelle encore à l'expérience, un jour se passe à expliquer dix ou douze petites lignes, & on les oublie le lendemain. L'organe, pour ainsi dire de la raison, n'est pas plus proportionné pour cet exercice dans les enfans, que le sont leurs bras pour élever de certains fardeaux.

L'opération de ranger les mots dans leur ordre naturel au milieu des inversions latines, demande une contention d'esprit qui fait une véritable peine à leur cerveau, & par conséquent qui les rebute; ce n'est que dans un âge avancé qu'ils peuvent soutenir cette contention, & après qu'à force d'usage ils ont contracté l'habitude de sentir la place du mot latin par sa seule terminaison.

C'est pour faire plutôt contracter cette habitude, & pour mettre à profit leurs premieres années, temps si favorable aux provisions, que je retranche toute la difficulté, en faisant expliquer les Auteurs rangez selon la construction simple, & sans aucune inversion.

Je commence par un Catéchisme Latin: 2. par un abrégé de la Fable; 3. & enfin par l'abrégé dont j'ai parlé de la Nature, de l'Art, & des Sciences.

Les mots sont rangez dans l'ordre naturel, & sous chaque mot latin il y a le mot françois qui lui répond écrit en lettre italique:

Boni		odérunt
Les gens de bien		*ont conçû de l'aversion*
peccáre	præ	amóre
de mal faire	*à cause de*	*l'amour*
virtútis.		
de la vertu.		

Horat. l. 1. Epist. 16.

De cette sorte le jeune Disciple lie si bien l'image du mot françois avec le mot latin, qu'il ne sçauroit plus entendre prononcer l'un, sans songer à l'autre. C'est le propre des idées accessoires, que l'une ne soit point réveillée sans exciter celle qui a été produite dans le même temps. On fait ensuite expliquer le même latin dans un cahier de répétition, c'est à dire où il n'y a point de françois.

Il ne s'agit point encore ici de demander en quel cas est un nom, ou en quel temps est un verbe; on aprend simplement d'abord la signification des mots tels qu'ils sont, *amavi*, j'ai aimé.

On ne sçauroit croire avec quelle facilité & avec quel goût les enfans expliquent dans cet arrangement : comme ils expliquent, & qu'ils n'ont aucune idée des questions qu'on peut leur faire sur les mots qu'ils entendent, ils croyent déja sçavoir le latin. Semblables à de jeunes Académistes, à qui on ne fait d'abord monter que des chevaux qui ne ſe défendent point, ils ſe croyent habiles après huit jours d'exercice, ce n'eſt que lorſqu'ils commencent à le devenir, qu'ils reconnoiſſent qu'ils ne le ſont point.

Dans les explications ordinaires les enfans ont bien de l'ouvrage à la fois: car ſans parler du ſens de leur Auteur où ils ne comprennent jamais rien, il faut,

1. Qu'ils retiennent la ſignification des mots latins.

2. Leur arrangement naturel; car on fait, comme on dit, la conſtruction.

3. Enfin le tour françois qui répond au latin; & tout cela doit être retenu de mémoire. Comment veut-on qu'ils ne ſoient point accablez?

Par la méthode dont je me ſers ils n'ont qu'une ſeule choſe à faire, c'eſt de retenir la ſimple ſignification des mots latins, & cela ſans peine, parcequ'ils liſent, & que leur imagination eſt ſoutenuë par le caractere différent.

D'ailleurs comme l'explication eſt écrite, chacun ſe fait répéter à ſoi-même autant de fois que cela convient à ſa mémoire. Ainſi outre que l'on retient avec bien plus de facilité ce que l'on voit, que ce qu'on entend, on a toujours avec ſoi ſon Maître qui donne l'explication du mot que l'on avoit oublié, & toujours d'une maniere uniforme. Au lieu que lorsque l'on entend expliquer simplement de la voix, & souvent de différente façon, il n'y a que ceux qui ont autant de mémoire que d'attention qui puissent retenir ce qu'on explique.

De la Traduction litterale.

Au reste, le françois qui répond aux mots latins, est un françois latinisé; je veux dire que le mot françois explique le mot latin dans sa signification littérale aussi exactement qu'il est possible: par exemple,

Cato, *Caton:* áttulit, *porta:* sibi, *à soi:* manus, *des mains:* violéntas, *violentes*;

& non pas, *il se tua*, ou *se donna la mort*.

Il arrive de-là que lorsque les enfans retrouvent les mêmes mots dans d'autres phrases, ils en sçavent la signification, & de plus ils aprennent les façons de parler latines selon leur expression originale.

Cette maniere d'expliquer n'est peut-être pas si aisée pour le Maître, qu'elle le paroît à la premiere vûë; mais elle donne en peu de temps au Disciple une connoissance facile & profonde de la Langue Latine.

Je sçai bien que cette traduction littérale fait d'abord de la peine à ceux qui n'en connoissent point le motif ; ils ne voyent pas que le but que l'on se propose dans cette maniere de traduire n'est que de montrer comment on parloit latin, ce qui ne peut se faire qu'en expliquant chaque mot latin par le mot françois qui lui répond.

Dès les premieres années de notre enfance nous lions certaines idées à certaines impressions, l'habitude confirme cette liaison. Les esprits animaux prennent une route déterminée pour chaque idée particuliere, de sorte que lorsqu'on veut dans la suite exciter la même idée d'une maniere différente, on cause dans le cerveau un mouvement contraire à celui auquel il est accoutumé, & ce mouvement excite ou de la surprise ou de la risée, & quelquefois même de la douleur ; c'est pourquoi chaque peuple différent trouve extraordinaire l'habillement ou le langage d'un autre peuple. On rit à Florence de la maniere dont un François prononce le Latin ou l'Italien, & l'on se moque à Paris de la prononciation du Florentin. De même la plûpart de ceux qui entendent traduire *pater ejus*, le pere de lui, au lieu de *son pere*, sont d'abord portez à se moquer de la traduction.

Cependant comme la maniere la plus

courte pour faire entendre la façon de s'habiller des Etrangers, c'est de faire voir leurs habits tels qu'ils sont, & non pas d'habiller un Etranger à la Françoise; de même la meilleure méthode pour apprendre les Langues étrangeres, c'est de s'instruire du tour original, ce qu'on ne peut faire que par la traduction littérale.

Si vous apprenez l'Italien, par exemple, vous ne le sçaurez jamais parfaitement en ne voyant que des traductions dans lesquelles le tour italien est rendu par le tour françois. Je vais faire connoître ceci par des exemples tirez des Proverbes.

Non destare il can che dorme; le François, c'est, *N'éveillez pas le chat qui dort*; mais mot à mot *ne point éveiller le chien qui dort.*

La fiamma è vicina al fuoco, le feu ne va pas sans fumée, mot à mot, *la flamme est voisine de la fumée.*

E un voler dar pugni alla Luna, C'est vouloir prendre la Lune avec les dents; mot à mot, *c'est un vouloir donner un coup de poing à la Lune.*

Perdere l'acqua e'l sapone, perdre son temps & sa peine; mot à mot, *perdre l'eau & le savon.*

Qui négligeroit la traduction litterale dans tous ces exemples, pourroit-il se flater

ter de bien aprendre l'Italien ? il en eſt de même dans toutes les Langues.

Les habiles Maîtres dans leurs leçons de vive voix ſuivent la traduction littérale ; mais perſonne que je ſçache n'en a oſé publier aucune : l'amour propre leur a fait craindre de paſſer pour barbares dans l'eſprit de ceux qui ne ſont pas inſtruits, & j'avouë que c'eſt le grand nombre ; mais je ſurmonte ſans peine ce préjugé frivole, afin de faciliter les répétitions aux jeunes gens, & de leur donner une connoiſſance plus parfaite du Latin.

Il n'y a pas lieu de craindre que cette façon d'expliquer aprenne à mal parler François.

1°. Plus on a l'eſprit juſte & net, mieux on écrit & mieux on parle : or il n'y a rien qui ſoit plus propre à donner aux jeunes gens de la netteté & de la juſteſſe d'eſprit que de les exercer à la traduction littérale, parcequ'elle oblige à la préciſion, à la propriété des termes, & à une certaine exactitude qui empêche l'eſprit de s'égarer à des idées étrangeres.

2°. La traduction littérale fait ſentir la différence des deux Langues. Plus le tour latin eſt éloigné du tour françois, moins on doit craindre qu'on l'imite dans le diſcours. Elle fait connoître le génie de la Langue Latine, enſuite l'uſage mieux que le Maître, aprend le tour de la Langue Françoiſe.

3°. D'ailleurs on ne fait dire le mot françois qu'après le mot latin ; ainſi le mauvais tour françois étant interrompu & lié au latin, il n'eſt pas poſſible qu'il ſoit porté dans la converſation ordinaire.

4°. Enfin la traduction en général ſe fait dans deux vûës différentes.

1°. On traduit pour faire entendre un Auteur à ceux qui en ignorent la langue originale: alors la traduction littérale des termes de l'Auteur ſeroit ridicule.

Le Traducteur doit parler ſa propre langue, & non pas celle de ſon Auteur, parcequ'il ne parle qu'à des perſonnes de ſa nation ; ainſi il doit rendre les expreſſions particuliéres de l'original par d'autres expreſſions particuliéres de ſa propre langue : en un mot, il doit parler comme l'Auteur auroit parlé, s'il avoit écrit en la langue du Traducteur.

2°. Mais lorſque l'on traduit pour aprendre ſoi-même la langue de l'Auteur, il eſt évident que l'on ne parviendra jamais bien au but que l'on ſe propoſe, ſi l'on ne ſe donne la peine d'aprendre la ſignification propre des mots & le tour particulier des façons de parler de l'original : or le moyen le plus facile pour en venir là, c'eſt la traduction littérale, & ce n'eſt même qu'en ce point qu'elle conſiſte.

Ainſi celui qui traduit Térence pour aprendre la Langue Latine, doit traduire cette expreſſion d'un eſclave : *Iſthæc in me cudêtur faba* : Cette féve ſera batuë ſur moi. Mais celui qui nous en donne la traduction pour le faire entendre à ceux qui ne ſçavent pas le Latin, doit faire parler Térence comme Moliére : *Ce ſera aux dépens de mon dos.*

Fourberies de Scapin. Acte 3. ſc. 1.

C'eſt uniquement le plus ou le moins de génie & d'imagination du Traducteur, qui rend cette traduction plus ou moins élégante; elle eſt pour ainſi dire l'ouvrage du talent & de l'inſtinct; & toutes les régles dont quelques Auteurs ont fait des Volumes pour enſeigner cette maniere de traduire, ne ſont que tourment & affliction d'eſprit, & ne conduiſent qu'à une pénible ſécheresſe.

Ainſi c'eſt à la Traduction littérale que l'on doit s'attacher d'abord pour aprendre la Langue Latine, & pour comprendre le ſens de l'Auteur; la ſcience de votre propre langue, qui s'acquiert par la lecture & la bonne converſation, vous conduira enſuite à l'autre ſorte de traduction autant que vous en ſerez capable.

Mais pour revenir à l'inverſion, je ſçai bien qu'il y a de fort habiles Maîtres qui en diminuent l'embaras en mettant dés chiffres ou d'autres ſignes ſur les mots latins. Mais je ne ſçaurois aprouver cette méthode; les enfans ne ſongent qu'à chercher les ſignes, & non pas à concevoir ou à ſentir le raport des mots: l'imagination toute ſeule eſt ocupée, ils n'agiſſent que mécaniquement, & leur eſprit ne ſe dreſſe point à comprendre, ils ébloüiſſent ceux qui ne font que les entendre, mais non pas ceux qui ſçavent ſonder le dégré de ſçavoir de leur eſprit.

§. III.

Des Ellipſes.

Pour ce qui regarde les Ellipſes, c'eſt à dire les mots ſous-éntendus, je les exprime tous dans les premiers cahiers que je fais lire. J'ai réduit tout Térence dans cette conſtruction ſimple, exprimant par tout tous les mots ſous-entendus, & donnant toujours une prépoſition à quelqu'ablatif que ce puiſſe être : *Soſia adeſdum paucis te volo*, eſt rangé de cette ſorte, *ô ſoſiâ adeſdum volo álloqui te cum paucis verbis . . . Menédemi vicem miſeret me*, ſe lit ainſi : *Miſerátio tenet me propter vicem Menedémi.*

La conduite que je tiens à cet égard eſt un des points de cette Méthode qui me ſera peut-être le plus conteſté par ceux qui ne ſont que médiocrement inſtruits. Mais comme lorſque l'on parle au Public on doit toujours croire parler à des perſonnes raiſonnables, je ſupplie le Lecteur de vouloir bien ſe donner la peine d'entrer ici dans mes raiſons, & de pénétrer auſſi-bien que moi les motifs qui me font garder cette conduite.

Si j'ajoûtois ces mots de mon propre génie, pour faire une langue ſelon mes idées, je ne mériterois aucune attention; mais je ne ſuplée un mot latin dans un paſſage où il manque, que parcequ'il eſt exprimé dans un autre tout pareil, & dans le même ſens : ainſi j'explique la Langue Latine par la Langue Latine même, & par conſéquent dans ſes véritables principes.

Le langage n'eſt que l'expreſſion de la penſée, il y a eſſentiellement dans le diſcours, de quelqu'aſſemblage de ſons dont il puiſſe être compoſé, un certain ordre qui a été dans l'eſprit de celui qui a parlé, & auquel ſon diſcours peut toujours être réduit. Le beſoin ou la commodité d'abreger, & plus encore l'empreſſement de l'imagination à rendre ſes penſées, ont fait dire en un mot ce qui se disoit ou se pouvoit dire en plusieurs. *Pœnitet me peccáti*; c'est la même chose selon les anciens Grammairiens que si l'on disoit : *Pœna peccáti tenet*, ou, *habet me.* Comme on dit en François, *Le mal me prend*, *L'envie me prend*, *Le sommeil me prend*, &c.

C'est pourquoi les régles de la construction raisonnée sont très-simples, & conviennent essentiellement à toutes les Langues, qui ne différent entre elles que par ce qu'il y a d'arbitraire.

Tout ceci se réduit donc à sçavoir si les mots que je suplée sont véritablement sous-entendus ; par exemple, au lieu de dire *manet Lutétiæ*, je fais lire aux commençans *manet in urbe Lutétiæ*. Or il est certain que ces deux mots *in urbe* sont véritablement sous-entendus, puisqu'on les trouve exprimez dans tous les bons Auteurs, & que d'ailleurs nous sçavons par les autres génitifs de la Langue Latine, que ce cas ne dépend jamais que d'un autre substantif qui le précéde ; ainsi *Lutétiæ* n'est au génitif que par cette raison, & la régle de la question *ubi* n'est qu'une chimére.

Il en est de même des prépositions que j'exprime par tout, comme dans les ablatifs qu'on apelle communément absolus.

Imperánte Cæſare Augúſto ; j'ajoûte la prépoſition *ſub*, parcequ'on la trouve ſouvent exprimée, comme nous diſons en François, *Sous l'Empire d'Auguſte.*

Tout changement ſupoſe une cauſe auſſi bien dans la Grammaire que dans la Phyſique. C'eſt une régle invariable de la nature : or puiſque ces mots ont changé leur ſimple dénomination pour prendre la terminaiſon de l'ablatif, il faut qu'il y ait une raiſon de ce changement ; & comme nous voyons par tant d'autres exemples que l'ablatif eſt le cas naturel de la prépoſition, nous ſommes fondez à la ſupléer.

Je ne diſſimulerai point une objection qui m'a été faite ; on m'a dit qu'en ſupléant des prépoſitions devant ces ablatifs, & devant les mots de temps & de maniere, je faiſois de ces fautes qu'on apelle ſolécifmes, parceque c'eſt une régle de mettre ſimplement ces mots à l'ablatif.

Sans examiner l'autorité de cette régle, & ſi les bons Auteurs l'ont toujours ſuivie, je répons que l'empreſſement que nous avons tous à faire connoître nos penſées dans le diſcours, a introduit l'uſage d'abréger les expreſſions qui reviennent ſouvent. Cet uſage eſt reçû dans toutes les Langues, parceque la raiſon en eſt la même par tout. J'en pourrois donner pluſieurs exemples en françois même où les ellipſes ſont le moins reçûes. Il y a pluſieurs occaſions où nous retranchons la prépoſition devant les mots de temps ou de maniere comme en latin. Mais il ne s'enſuit pas de-là que dans l'une ou dans l'autre Langue ces mots ſoient mis à l'ablatif par quelque régime particulier différent de celui de la prépoſition. Les prépoſitions exprimées nous découvrent celles qui ſont ſous-entenduës, *Je reviendrai dans deux ans*, &, *je reviendrai l'année prochaine*, ſont au même régime. Le premier exemple fait connoître qu'au ſecond *l'année prochaine*, eſt régi par la prépoſition *dans* qu'il faut ſous-entendre.

Ainſi quand dans les premiers cahiers que je fais lire j'exprime en latin les prépoſitions où je ſçai bien que l'uſage les a retranchées, ce n'eſt que pour faire connoître d'abord le vrai régime de ces ablatifs, & donner la raiſon de l'expreſſion. Je ne manque pas dans la ſuite de faire obſerver les occaſions où l'uſage a voulu que ces prépoſitions fuſſent ſuprimées; cette conduite n'induit perſonne en erreur; au contraire elle éclaire l'eſprit, & lui épargne bien de la peine, parcequ'elle réduit tout à une régle uniforme & présente, toujours le latin dans le même ordre.

Le fameux Sanctius & plusieurs autres Grammairiens ont reconnu tous ces mots sous-entendus, je ne fais que les suivre. Messieurs de Port-Royal dans leur sçavante Méthode Latine, réduisent après ces Auteurs les expressions abrégées à la construction simple : je ne prétens point à la gloire de l'invention pour le fonds, & par cela même je me trouve plus autorisé.

Mais les uns & les autres de ces Auteurs n'ont point mis ces Remarques à la portée des commençans, c'est en petit caractére qu'elles sont écrites dans la nouvelle Méthode de P. R. elles ne sont adressées qu'aux Maîtres *, jusqu'ici on n'en a point fait usage pour les Disciples.

* *Ayant fait imprimer en autre lettre les Avertissemens & les Remarques qui ne sont pas pour les enfans, mais pour ceux qui les instruisent.* Nouv. Meth. de P. R. Préface.

Pour moi j'imite la conduite de l'Apôtre, *Lac vobis potum dedi non escam*, ce sont les enfans qui ont le plus besoin de simplicité ; ainsi je ne leur présente d'abord le latin que dans sa simplicité naturelle, & pour ainsi dire dans son enfance, ils se trouveront ensemble dans un âge plus avancé.

1. Cor. c. 3.

L'expérience m'a fait connoître que cette Méthode avoit de très-grands avantages.

Elle donne beaucoup de justesse d'esprit, parcequ'elle accoutume les enfans à mettre de l'ordre & de la netteté dans leurs pensées, il n'y a jamais de proposition tronquée, ils en voyent toujours le sujet, le verbe l'attribut & toutes les circonstances.

Il y a trois objets principaux qu'on ne doit jamais perdre de vûë dans l'éducation des enfans ; leur santé, leurs sentimens, & leur esprit. Il ne s'agit pas ici des deux premiers, le dernier est le seul qui puisse entrer dans le sujet dont nous parlons. Je suis persuadé que les personnes de bon sens qui auront quelqu'expérience conviendront facilement avec moi que de donner un latin suivi, selon l'ordre naturel des pensées, en évitant la torture que donnent à l'esprit les inversions & les mots sous-entendus, est un moyen efficace pour accoutumer l'esprit d'un jeune homme à ne rien concevoir qu'avec netteté, & à n'être pas la dupe d'un équivoque.

Ce ne sont point les régles de la Logique qui donnent de la justesse à l'esprit, tous les hommes ne conviennent-ils pas des mêmes principes ? c'est uniquement l'aplication assiduë de ces régles qui rend l'esprit juste, & qui coûte le plus. Or toute la pratique que je fais ſuivre n'eſt qu'une aplication continuelle des régles d'une ſaine Dialectique.

Mais indépendamment de cet avantage que je compte pourtant pour beaucoup, cette Méthode porte la lumiere dans tous les endroits difficiles des Auteurs que les enfans liront dans la ſuite tels qu'ils ſont; comme ils ont été accoutumez à tout exprimer, ils ſupléent avec une extréme facilité ce qui ſe trouve ſous-entendu dans les Auteurs, ils font ſans peine ce qu'on apelle conſtruction.

Quand ils entrent dans la lecture de ces Auteurs, ils entendent preſque tous les mots latins, ils ſçavent, ne fût-ce que par ſentiment, l'ordre des penſées & la place du mot par ſa terminaiſon, & ils jugent par imitation de ce qu'il faut ſupléer; de ſorte qu'il n'y a plus que des alluſions à des uſages anciens, ou à des faits hiſtoriques ou fabuleux qui puiſſent les embaraſſer dans la lecture des Auteurs Latins.

§. IV.

Des façons de Parler, ou des Latiniſmes.

Les paſſions des hommes & leur imagination ſe trouvent eſſentiellement dans toutes les nations ; mais dans cette uniformité générale il y a une varieté infinie dans la route que les passions prennent pour se satisfaire, & dans le tour que l'imagination suit pour s'exprimer. Quand le feu prend à une maison en quelque lieu du monde que ce puisse être, on en est agité, & l'on songe à s'en garantir ; voilà l'uniformité. Mais les uns crient au feu, comme en France, & les autres crient à l'eau, comme on faisoit dans l'ancien pays latin, *clamare aquas* ; (Properce) voilà la varieté.

Il en est de même de la morale des Proverbes, elle est la même par tout ; mais elle est représentée sous des images différentes.

Ce qui fait voir en passant combien est fausse la remarque de ceux qui prétendent que certaines coutumes & certaines opinions ne sont établies que parcequ'elles ont été suivies par des peuples plus anciens. C'est dans l'uniformité des passions ou de l'imagination humaine, & dans la variété des routes qu'elles suivent pour se produire que l'on doit puiser la source de presque tous les usages. Nous chantons, parceque telle est la disposition de nos organes, & non pas parceque les Egyptiens ou les Grecs ont chanté ; & si le peuple croit les esprits folets & les lougaroux, ce n'est pas parceque les anciens avoient des empuses & des lémures; mais parceque l'imagination humaine est construite de telle sorte, qu'elle a aimé dans tous les siécles les fantômes & le merveilleux.

Les différens tours que les peuples différens ont pris pour s'exprimer sont soumis à ces deux régles souveraines d'uniformité & de varieté; il y a uniformité dans l'essentiel de la pensée, & varieté dans le tour & dans l'expression.

Tous les hommes du monde qui penseront que Dieu a créé le ciel & la terre, regarderont *Dieu* comme agent, & *le ciel & la terre* comme patient, ou terme de l'action de Dieu; voilà l'uniformité. Mais ils se serviront de sons différens pour exprimer le nom de Dieu & le nom du ciel & de la terre; ils marqueront encore d'une maniére différente le raport sous lequel ils regardent Dieu en cette occasion, & le raport sous lequel ils considérent le ciel & la terre; voilà la varieté.

La nature a fait l'homme pensant, & lui a donné des organes avec lesquels il peut rendre des sons pour faire connoître ce qu'il pense. La même pensée sera la même par tout; mais les différentes circonstances des pays différens, & le peu de commerce qu'il y a entre les nations, ont fait donner des modifications différentes aux sons qui servent à faire connoître cette pensée.

Toutes les façons de parler latines s'aprennent facilement, & dans leurs véritables principes, par la Méthode de la traduction littérale, & par le suplément des mots sous-entendus. Par exemple, *Quanti emisti? Tanti* se trouve de cette sorte. *Pro prètio quanti æris emisti? Emi pro prètio tanti æris.* On sçait que la premiere monoye des Romains étoit de cuivre & de différent poids; dans la suite le mot *æs* a été employé pour marquer en général de la monoye.

C'est ainsi que tous les Latinismes se trouvent expliquez dans le cours de la traduction, sans qu'on s'en aperçoive, & sans faire d'autre régle que celle de la construction simple. Par là s'évanouissent toutes les régles & les exceptions des Méthodes ordinaires, ce qu'on apelle *Que retranché* particule *on*, & autres fantômes qui font tant de peine aux enfans, qui les fatiguent sans les éclairer, & qu'on oublie dès qu'on devient raisonnable, parceque ces régles prétenduës n'ont aucun fondement dans la nature, quoiqu'on les honore du nom de Principes.

Il ſeroit à ſouhaiter que les Auteurs de Dictionnaires euſſent travaillé ſelon cette idée, ils ſe ſeroient épargné bien des remarques ou fauſſes ou inutiles, & auroient éclairci bien des paſſages qu'ils laiſſent dans les ténébres.

Cette méthode d'expliquer les Auteurs en ſupléant tous les mots ſous-entendus, & en rangeant leurs propres termes dans l'ordre naturel, eſt bien plus facile & bien plus utile pour les commençans que celle qu'ont ſuivi ceux qui ſe ſont donné la peine de traduire les Auteurs Latins dans d'autres expreſſions latines. C'eſt ſupoſer que l'on ſçait ce qu'on veut aprendre; c'eſt donner deux Auteurs pour un, c'eſt à dire doubler les difficultez.

D'ailleurs comme à parler exactement il n'y a point de terme ſynonime dans une même langue, ſi les mots dont Virgile s'eſt ſervi ſont les mots propres, on doit conclure que ceux de ſon tranſlateur latin ne le ſont pas.

Concluſion de cette premiere Partie.

Voilà ce que j'entends par la Routine; c'eſt qu'avant que de parler de Déclinaiſons, de Conjugaiſons & de Syntaxe, je les fais connoître par inſtinct, en faiſant aprendre des mots latins, quelques phraſes; & ſur-tout expliquer littéralement un latin rangé ſelon la conſtruction ſimple, & sans aucun mot ſous-entendu.

Le Diſciple aprend lui-même cette explication par la lecture : on ne ſçait bien que ce que l'on aprend ſoi-même. Les Maîtres ne ſervent que pour régler les études, donner les éclairciſſemens, & faire les répétitions.

Les premiers commencemens de la Langue Latine ſont ordinairement bien pénibles pour les Maîtres & pour les Diſciples. La Routine que je propoſe épargnera bien de la fatigue aux uns & bien des larmes aux autres.

Au reſte je ne preſcris point de temps pour la durée de cette Routine, on doit y exercer les jeunes gens plus ou moins long-temps ſelon l'ouverture de leur eſprit, & juſqu'à ce qu'on s'aperçoive qu'ils reconnoiſſent le ſens d'un mot à ſa terminaiſon. Qu'on ne croye point abréger en les tirant bien-tôt de cet exercice, j'ai éprouvé au contraire que c'eſt abréger que de les y tenir long-temps; c'eſt toujours multiplier les proviſions, & différer à un âge plus convenable l'aplication que les régles de la Syntaxe demandent.

J'ai

J'ai dit en commençant que cette routine étoit une imitation de la maniere dont on aprend les Langues vivantes. Les Négocians des Villes maritimes & des Villes frontiéres font des échanges de leurs enfans, afin qu'ils aprennent réciproquement la langue voisine ; & ces enfans qui n'ont d'autre maître que l'usage, sçavent en six mois beaucoup plus de mots & de façons de parler de la langue du pays où ils ont été transplantez, que ne sçavent de latin ceux qui l'ont étudié pendant plusieurs années par la méthode ordinaire.

Je propose une routine semblable à l'usage de ces enfans, & peut-être plus exacte & plus facile, parcequ'on a toujours avec soi son interprete, c'est-à-dire les cahiers dans lesquels les Auteurs avec qui nos enfans conversent, sont expliquez littéralement.

La Grammaire n'est venuë que longtemps après le langage. L'usage a établi les Langues, & ensuite les Grammairiens ont fait leurs réfléxions. Ainsi c'est imiter la nature que de commencer par l'usage.

Je finirai cette prémiere Partie par cette derniere observation. Il n'y a peut-être pas dans le monde entier un enfant de quatre à cinq ans qui ne fasse accorder l'adjectif avec le substantif dans sa langue naturelle : cependant on est plusieurs années selon les méthodes ordinaires, où dans un âge bien plus avancé on fait tous les jours des fautes contre cette regle si simple. La raison en est bien aisée, c'est que l'on commence par la spéculation, & peut-être par une spéculation où les enfans ne comprennent rien ; on n'entend à cet âge que par sentiment & par habitude. Faites précéder l'habitude, & ils diront aussi peu *Deus est bona*, qu'ils disent *Dieu est bonne.*

Je pourrois ajoûter bien des autoritez, & entre autres celle de M. Locke dans son Traité de l'Education des Enfans, pour justifier ce que je dis ici, que la routine doit précéder les régles ; mais dans une affaire qui est du ressort du bon sens, & qu'on peut justifier par des expériences, les autoritez sont inutiles.

SECONDE PARTIE.

De la Grammaire raiſonnée.

APRE'S que nos jeunes Eléves ſe ſont exercez dans la routine qu'on vient d'expliquer, on leur aprend le Mécaniſme de la conſtruction, en faiſant pour ainſi dire l'Anatomie de toutes les Phraſes, & en leur donnant une idée juſte de toutes les parties du Diſcours, ſelon les principes de la Grammaire raiſonnée.

Ceux qui diſent que le nom ſubſtantif eſt celui devant lequel on peut mettre *le* ou *la*, n'en donnent point une idée qui ſoit priſe du fonds des choſes, & par conſéquent ne ſuivent point la Grammaire raiſonnée, ſelon laquelle il faudroit dire que le nom ſubſtantif eſt un mot qui ſignifie une ſubſtance, ou quelque choſe qui eſt regardée comme ſubſiſtant.

Nos Eléves aprennent la Grammaire ſelon cette idée. On leur explique toutes les parties du Diſcours, le nom, le verbe, &c. On leur fait connoître la raiſon des cas; le nominatif, c'eſt lorſque l'on nomme le ſujet de la propoſition; l'accuſatif eſt le cas où l'on met ce qui eſt le terme ou l'objet de l'action que le verbe ſignifie, &c. & voilà toute la Syntaxe. Ce n'eſt point le verbe qui gouverne les cas, c'eſt le ſens.

Or j'eſpére faire voir dans ce diſcours que cette méthode eſt à la portée des jeunes gens qui ont paſſé par notre routine, & que la méthode ordinaire demande beaucoup plus d'attention & de contention d'eſprit.

§. I.

La Grammaire raiſonnée eſt à la portée des jeunes gens qui ont paſſé par la routine.

La raiſon des enfans eſt de même nature que la nôtre, & peut-être a-t-elle l'avantage de n'avoir encore été corrompuë que par un petit nombre de préjugez. Mais elle n'a point encore la force de comprendre ce qu'on entend dans un âge avancé, ſoit par le petit nombre des idées qu'ils ont acquiſes, ſoit par le peu de conſiſtance de leur cerveau.

Si l'on veut ſe donner la peine de bien conſidérer ces deux principes, on conviendra qu'il n'y a que deux ſortes de raiſonnemens qui ne ſoient point à la portée des enfans.

I. Les raiſonnemens qui ſupoſent des idées qu'ils n'ont point aquiſes, ou ſur leſquelles on n'a pas pris la précaution de les faire réfléchir. Quand une idée nouvelle ſe préſente, & que cette idée eſt de l'eſpéce de celles qui ſupoſent une impreſſion déja formée dans le cerveau, ſi cette impreſſion antérieure n'eſt point faite, c'eſt en vain que l'on ſe tourmente pour faire comprendre l'idée nouvelle, c'eſt parler des couleurs à un aveugle, ou expliquer les notes de la Muſique à un ſourd de naiſſance; & c'eſt ici un des grands défauts des Maîtres, qui ne s'apliquent point aſſez dans leurs leçons à démêler les idées qui n'ont point encore fait d'impreſſion déterminée ſur le cerveau de leurs Eléves. On les gronde quelquefois avec auſſi peu de raiſon de ne pas entendre, que ſi l'on ſe plaignoit qu'ils ne connoiſſent pas les perſonnes qu'ils n'ont point encore vûës, ou le goût des viandes qu'ils n'ont point encore goûtées.

Ainſi avant que de faire obſerver aux enfans que le nom adjectif, par exemple, marque une qualité ou maniere d'être d'une choſe, il faut prendre la précaution de leur donner des exemples de ces manieres d'être : prendre un morceau de cire, par exemple, & lui faire changer de figure pour leur expliquer que *rond* & *quarré* ne ſont que des manieres d'être de cette cire.

De même avant que de leur expliquer les deux raports qui ſe trouvent dans l'action de donner, il eſt très utile de leur faire donner quelque choſe à quelqu'un, & enſuite leur demander : 1°. Qu'avez-vous donné ? 2°. A qui avez-vous donné ? Alors les impreſſions que vos raiſonnemens ſupoſent ſe forment, & ſe gravent dans leur cerveau de telle ſorte, que les réfléxions ſe lient facilement avec elles, & les enfans les comprenent avec autant de facilité qu'ils entendent leurs jeux, & les régles qu'ils s'y impoſent.

C'eſt encore ſur ce principe que je ne crois pas qu'il ſoit auſſi utile que l'on penſe de leur faire étudier les Fables d'Eſope; elles ne nous plaiſent à nous que par les aplications que nous en faiſons, & parceque nous en comprenons toute la morale, parceque nous avons vêcu, & elles n'amuſent les enfans que par le merveilleux & par la fiction; & c'eſt un goût que l'on doit combatre & dont on ne doit faire uſage que pour l'hiſtoire.

Ainſi je conviens que les enfans, non plus que les perſonnes avancées en âge, ne ſont point capables des réfléxions qui ne trouvent en eux aucune idée déja aquiſe. Les idées abſtraites ſupoſent dans l'imagination des connoiſſances avec leſquelles elles puiſſent ſe lier ; elles ne ſont apellées abſtraites que parcequ'elles ſont tirées des idées particuliéres ; elles les ſupoſent donc ; il faut donc imprimer celles-ci avant que de faire aucune mention des autres : ſans cette méthode l'eſprit le plus ſublime ne comprend rien, & avec elle un eſprit médiocre conduit ſes connoiſſances au-delà même de ſa portée. Que le Theologien ou l'Aſtronome le plus profond qui n'auroient aucune connoiſſance du Palais, entendent parler d'apointement ou de Requête civile, ou d'autres termes encore plus ſimples, ils ſeront bien moins au fait que le moindre petit Praticien. Telle eſt la nature de l'eſprit humain. Les connoiſſances ne ſe devinent point : notre eſprit ne ſe les donne pas plus à lui-même que les cordes d'un inſtrument de Muſique ſe donnent l'ébranlement qui cauſe le ſon. Ainſi il y a un ordre à obſerver dans l'aquiſition des connoiſſances. Le grand point de la Didactique, c'eſt-à-dire de la ſcience d'enſeigner, c'eſt de connoître les connoiſſances qui doivent précéder & celles qui doivent ſuivre, & la maniere dont on doit graver dans l'esprit les unes & les autres.

Les premieres connoissances nouvelles que l'on veut donner aux enfans, & peut-être au reste des hommes, ne peuvent point entrer dans leur esprit par la voye du raisonnement, puisque le raisonnement supose des idées particulieres, le sentiment seul en est la porte. Mais quand ces premieres idées sont aquises, on peut & souvent même l'on doit raisonner sur ces idées primitives, & pourvû que les raisonnemens ne suposent point d'autres idées, on trouvera peu de personnes qui ne puissent facilement les concevoir.

Ainsi je ne demande que deux conditions pour faire entendre les raisonnemens de cette Grammaire raisonnée.

La premiere est un âge proportionné, & cet âge est celui auquel on juge les enfans capables d'étudier les régles de Despautére.

La seconde est qu'ils ayent été exercez pendant quelque temps à la routine dont j'ai parlé. Alors comme ils ont vû souvent qu'un mot change de terminaison, tantôt *Dóminus*, *Dóminorum*, &c. on leur explique pourquoi se fait ce changement On leur dit que ces différentes terminaisons n'ont été inventées que pour marquer les différens raports sous lesquels on confidére un même mot, & on leur détaille ces raports différens qui font marquez par les cas. *Cœnam apparáre: Cœnam* eft à l'accufatif, non pas parcequ'*apparáre* le gouverne; mais parceque *Cœnam* eft l'objet ou le terme de l'action d'*apparáre*, & que c'eft par ce cas que les Latins faifoient connoître qu'ils confidéroient un mot comme terme de l'action, lorfqu'ils s'exprimoient par la voix active: on ne trouvera aucune exception de cette régle pourvû que l'on comprenne bien la fignification propre du verbe:

Studére, s'apliquer à: *favére*, être favorable à: *docére*, inftruire, & les autres que l'on verra dans le détail de la Syntaxe.

II. La feconde forte de raifonnemens qui ne font point à la portée des enfans, ce font ceux où il y a plufieurs combinaifons à faire, ces raifonnemens excitent une contention d'efprit que le cerveau des enfans n'eft point encore en état de foutenir. Or les raifonnemens de la Grammaire raifonnée font très-fimples & très-uniformes, comme j'efpere qu'on le reconnoîtra dans le Traité de la Syntaxe. La vérité eft toujours fenfible quand elle eft confidérée par des efprits préparez, parceque l'objet de la vérité ce font les chofes telles qu'elles font: or ce qui *eft*, fait impression quand on peut se mettre dans le jour de l'apercevoir.

Un des points principaux de l'éducation, comme je l'ai déja dit, c'est de former l'esprit des enfans ; on doit même étudier autant pour se former l'esprit que pour aprendre. On ne sçauroit rendre de service plus essentiel aux jeunes gens, que de fortifier en eux le goût naturel que nous avons tous pour la vérité : & pour cela on doit toujours leur parler clairement, on ne doit jamais leur donner de régles qui ne soient fondées sur la raison. Cependant dès qu'une réfléxion est juste, dès qu'une définition est exacte, au lieu de se donner la peine de la mettre à la portée des enfans, on ne croit plus qu'ils soient en état de la concevoir, sans prendre garde que par cela même elle sera plus aisément comprise, & leur fera plus d'impression, & même de plaisir ; car la vérité connuë plaît toujours, & les enfans nous font sentir bien souvent, qu'ils ne sont pas incapables de la connoître ; & s'ils l'ignorent long-temps, c'est moins leur faute que celle de ceux qui n'ont pas l'art de la leur faire apercevoir.

§. II.

Que la Méthode ordinaire demande beaucoup plus d'attention & de contention d'esprit.

La Méthode ordinaire tombe dans les deux inconvéniens que nous venons de remarquer.

Le premier eſt de donner des idées qui ne ſont point préparées, & le ſecond de donner des régles compoſées qui ne conſiſtent qu'en mots, ce qui fait que les enfans ne trouvent point au dedans d'eux-mêmes de ſentiment intérieur qui les convainque de la vérité de ces régles.

On commence par leur faire aprendre par cœur des mots qu'ils n'entendent point. Ils ne voyent pas pourquoi ces mots changent de terminaiſon ; on leur parle de cas, de déclinaiſon, de régime, ſans aucune préparation ; auſſi rien ne ſe lie, rien ne s'acroche pour ainſi dire dans leur eſprit, rien n'y fait impreſſion, hors la peine & le dégoût.

En ſecond lieu, y a-t-il de raiſonnemens plus compoſez que les régles que l'on donne ſur le *Que retranché*, la particule *on* & les autres prétenduës difficultez ? Prenez tel Livre de Méthode qu'il vous plaira, eût-il pour titre Méthode facile ; on vous dira que » lorſque dans le » françois il y a un *que* après un verbe, » pour tourner ce françois en latin, il faut » retrancher le *que*, & mettre le ſubſtantif » qui le ſuit à l'accuſatif, & le verbe à l'infi- » nitif au temps qu'il faut, ſoit au préſent, » ſi le verbe eſt au préſent, &c. cette régle ſe trouve même ſuivie d'un grand nombre d'exceptions qui ſont expliquées de la même maniere ; il n'y a rien qui demande plus de préciſion & de contention d'eſprit, par les différens objets qui doivent être préſens à l'imagination en même temps.

N'eſt-il pas plus ſimple & plus à la portée des enfans de leur faire obſerver la différence du Latiniſme & du Galliciſme ? *Poëtæ tradunt Satúrnum devoráſſe ſuos líberos* : Les Poëtes racontent Saturne avoir dévoré ſes enfans ; & l'on dit en françois : Les Poëtes diſent que Saturne a dévoré ſes enfans.

A l'égard de la prétenduë particule *on*, c'eſt une ſyncope du mot *homme*, c'eſt l'homme en général, & dans un ſens indéterminé ; c'eſt pourquoi on dit également *on* ou *l'on* ſelon que cela convient à l'harmonie de la phraſe particuliere ; ou plutôt cette façon de parler nous vient de ce que nos peres disoient, comme on le voit dans les anciens manuscrits, *un dit*, ils prononçoient cet *un* à l'italienne *oun*, d'où est venu *on*.

Je dois cette remarque à M. l'Abbé Raguenet.

En latin on suit d'autres tours, comme nous le dirons en son lieu.

Les régles que l'on donne ordinairement sur toutes ces prétenduës difficultez, outre l'inconvénient de n'être pas tirées de la différente façon de penser & de s'exprimer des peuples différens, ont encore celui d'obliger l'esprit de se présenter plusieurs objets à la fois, ce qui est une opération qui supose une consistance qui n'est point encore dans le cerveau des jeunes gens, & qui se trouve même rarement dans celui des hommes formez.

On tourmente les jeunes gens pendant plusieurs années sur ces difficultez, comme si la Langue Latine ne consistoit qu'en ce seul point; c'est par là que l'on commence, & c'est par là qu'il faudroit finir.

Si ceux qui ont passé par la Méthode ordinaire veulent bien se rapeller ce premier temps, ils conviendront qu'ils ne comprenoient rien à toutes ces régles, & que s'ils sont parvenus dans la suite à bien exécuter, ce n'a été que par habitude.

» Il me semble, dit le P. Lamy, qu'on

Entretiens sur les Sciences.

» me mettoit la tête dans un ſac, & qu'on
» me faiſoit marcher à coups de fouët, me
» châtiant toutes les fois que ne voyant
» point j'allois de travers.. Je ne comprenois
» rien à toutes ces régles qu'on me forçoit
» d'aprendre par cœur, &c.

Scioppius dit qu'il faudroit un grand nombre d'années & une étude bien aſſiduë pour comprendre & pour retenir cette multitude infinie de régles & d'exceptions.

De plus, on fait faire l'aplication de ces régles & de ces exceptions en faiſant mettre du françois en latin. Ne faut-il pas bien de l'attention & de l'étenduë d'eſprit pour apliquer la régle, & plus encore pour le choix des mots? On eſt obligé de chercher ces mots dans un Dictionnaire, il faut deviner celui qui convient à la phraſe particuliére, démêler le terme propre d'avec le figuré; en un mot ſçavoir ce qu'on n'a point encore apris: auſſi n'eſt-ce qu'au bout de cinq ou ſix ans que l'on commence à faire des thémes ſuportables. Si au lieu de cet exercice auſſi pénible qu'inutile, & dans la forme & dans le fond, on avoit paſſé la moitié de ces années à aprendre des mots latins, & à expliquer les Auteurs ſelon la traduction littérale, en remarquant avec ſoin la différence qui ſe trouve entre le tour latin & le tour françois ; n'eſt-il pas évident que l'on tourneroit alors le françois en latin avec bien plus de facilité & de ſuccès ? Tout le monde convient que ce premier latin des enfans n'eſt qu'un mauvais françois habillé à la latine : en effet peut-on tirer de ſon cerveau ce qui n'y eſt point entré ?

La jeuneſſe n'eſt point le temps de la récolte & des productions : c'eſt celui de ſemer & de faire des proviſions. Ainſi ce n'eſt qu'après que les jeunes gens n'ont plus de difficultez ſur les Déclinaiſons, les Conjugaiſons & la Syntaxe, par l'aplication fréquente qu'ils en ont faite dans l'explication des Livres latins ; en un mot, ce n'eſt qu'après qu'ils ont étudié les originaux qu'on doit les exercer à faire des copies, je veux dire à rendre du françois en latin.

L'uſage contraire n'eſt point naturel, il remplit la principale partie des premieres années, temps précieux que l'on pourroit employer à des exercices utiles, & il eſt cauſe que dans l'eſpace de ſept ou huit ans on n'a parcouru que quelques endroits détachez d'un petit nombre d'Auteurs, ſans avoir jamais entendu parler d'aucune ſcience, ni de rien de tout ce qui eſt en uſage dans les ſociétez policées. Ce qui fait que lorſqu'ils entrent dans le monde il ſemble aux autres & à eux-même qu'ils arrivent dans un pays nouveau :

Petr. *Ut cum in forum venerint exiſtiment ſe in alium terrarum orbem delatos.*

Cet uſage a encore un inconvenient conſidérable, c'eſt que comme les enfans dans le cours de leurs études, occupez à faire des thémes, ne voyent que peu d'ouvrages des Auteurs latins, ils n'entendent point ce qu'ils n'en ont pas lû ; ainſi ils ne ſont point en état de ſe plaire dans la lecture de ces Auteurs, parcequ'ils ne peuvent pas les lire ſans Maître : & comme l'occaſion de rendre du françois en latin ne ſe préſente preſque jamais dans l'uſage du monde, ils oublient ce qu'ils en ont apris ; & c'eſt ainſi que ſe perd le fruit de tant d'années précieuſes, paſſées dans une peine qui devient inutile pour le reſte de la vie.

Mais mon principal deſſein n'eſt que de faire obſerver ici la contention d'eſprit que demandent les régles communes & les thémes, auſſi bien que les inverſions des Auteurs qu'on fait expliquer, & je me reſtrains à cette ſeule obſervation, afin de bien faire remarquer à ceux qui ſeront ſurpris de voir donner à des enfans

une

une Grammaire raiſonnée, que la Méthode ordinaire a bien plus de combinaiſons, & par conſéquent ſupoſe plus de conſiſtance dans l'eſprit des enfans que celle que je propoſe : ainſi quand celle-ci ne ſeroit pas incomparablement plus facile, parcequ'elle eſt fondée ſur la nature ; attention pour attention, peine pour peine, ne vaut-il pas mieux accoutumer les enfans à la vérité ? N'eſt-il pas plus raiſonnable de remplir leur imagination & leur mémoire d'idées utiles, qui ſoient autant de préparations pour ce qui ſe préſentera à eux dans la ſuite, & dont ils puiſſent faire uſage dans le cours de leur vie ?

Je ne ſçai auſſi pourquoi on fait aprendre par cœur des régles latines ou françoiſes. Je ne parle point de l'obſcurité des unes & peut-être des autres ; mais il me ſemble que dès qu'il s'agit de régles il ne s'agit plus de mémoire. Comme les régles ne ſont autre choſe que des obſervations, elles ne doivent être fondées que ſur la raiſon, & quand elles ont été une fois bien compriſes, on ne ſe ſert plus, pour ainſi dire, que de la mémoire de la raiſon, & cette mémoire n'eſt jamais l'eſclave des paroles.

D'ailleurs les régles ordinaires, comme je l'ai déja remarqué, ne ſont tirées que de l'arrangement de quelques mots ſans être priſes du fond des choſes, auſſi ſont-elles preſque toutes fauſſes, toujours ſuivies d'exceptions, & toujours oubliées.

On tombe encore dans un autre inconvénient, c'eſt que l'on regarde les Sciences comme autant de pays différens où l'on ne fait voyager les enfans que ſucceſſivement. Ce n'eſt qu'en Rhétorique qu'ils aprennent qu'il y a dans le Diſcours un ſens propre & un ſens figuré, comme ſi un enfant que l'on juge capable d'entendre les régles de Deſpautére, ne pouvoit pas comprendre que la lumiere du Soleil & la lumiere de l'eſprit ſont deux expreſſions différentes, dont l'une eſt au propre & l'autre au figuré par une eſpece de comparaiſon. Ce n'eſt qu'en Philoſophie, c'eſt-à-dire ſept ou huit ans après leur entrée dans le pays latin, qu'on leur explique ce que c'eſt qu'une propoſition, &c. Juſques-là il ſemble qu'on évite de les éclairer par des obſervations ſimples & naturelles, pendant qu'on les accable de préceptes & de régles combinées qui ne ſervent qu'à les troubler. Je voudrois leur aprendre en chemin faiſant tout ce qui eſt à leur portée, & qui peut exciter & ſatisfaire leur curioſité.

Enfin on doit éviter avec ſoin de les embaraſſer par des équivoques, comme on ne fait que trop ſouvent, ſous le prétexte frivole d'un badinage toujours nuiſible.

Je n'entrerai point dans un parallele plus détaillé entre la Méthode ordinaire & celle que je propoſe, les perſonnes raiſonnables me comprendront bien, & ce n'eſt qu'à ceux-là que je parle.

Toute cette Méthode ſe réduit donc à faire aprendre beaucoup de mots latins, en faiſant expliquer long-temps littéralement ſelon l'ordre de la conſtruction ſimple, & que ce qu'on explique ſoit utile comme le Cathéchiſme, la Fable, & notre *Brevis & lucida Naturæ Artis & ſcientiarum notitia, ad uſum ſtudioſæ juventutis.* Enfin à ne faire écrire que des mots utiles, comme les préterits & les ſupins, & les mots principaux que l'on a remarquez dans l'explication.

Enſuite on aprend à décliner & à conjuguer, & les régles de la Grammaire raiſonnée, qui étant fondées dans la nature & dans la raiſon, ne ſont point ſujetes à exception, forment l'eſprit, & ne ſont point oubliées.

Que s'il arrivoit qu'un enfant ne les comprît pas d'abord, je demande s'il comprendroit plus aisément les régles ordinaires ? On éprouve tous les jours le contraire, les fautes où l'on continuë de tomber après plusieurs années en sont la preuve ; ainsi en ce cas-là on doit passer outre, & attendre que l'esprit se forme à force d'exemples & de répétitions ; attente pour attente, ne vaut-il pas mieux que ce soit en faveur de la vérité ?

Au reste, je ne dissimulerai point l'objection triviale que l'on fait contre toutes les Méthodes nouvelles ; elles n'ont jamais de long succès, dit-on, & l'on est toujours obligé de revenir à la Méthode ordinaire.

Mais on ne prend pas garde que les Méthodes réformées demandent des soins & des détails qui trouvent souvent des obstacles, & alors on retombe dans la Méthode ordinaire, c'est-à-dire dans une certaine pratique où les choses vont comme elles peuvent.

Ainsi ce n'est pas l'excellence de la Méthode ordinaire qui triomphe de la réforme, c'est la négligence, l'incapacité, l'insuffisance, & souvent même, si je l'ose dire, une avarice qui ne connoît pas ses véritables intérêts, en refusant les petites dépenses nécessaires pour le détail.

Il en eſt des Méthodes comme des chemins : on marche plus aiſément dans un chemin bien entretenu, où l'on a comblé les foſſez & les ornieres, d'où l'on a ôté les pierres & les pointes des rochers ; mais ſi ceux qui ſont prépoſez pour l'entretien des chemins manquent de ſoins, les voyageurs n'auront plus qu'une route difficile, & retrouveront le chemin tel qu'il étoit, ou plus mauvais qu'auparavant.

Ainſi toute l'objection ſe réduit à prouver que peu de perſonnes ont l'eſprit de détail, & ſont capables de s'y prêter, & j'en conviens.

FIN.

ON joint ici le Poëme séculaire d'Horace qui est à la fin du Livre des Epodes, afin de faire voir l'usage de cette Méthode. On a ajoûté quelques Remarques pour donner une intelligence plus entiere du texte, & pour rendre raison de la Traduction littérale.

Au reste, ne faites expliquer le texte de l'Auteur qu'après que vous aurez bien fait apprendre la Traduction interlinéaire.

LE POËME SÉCULAIRE D'HORACE.

EXPOSITION DU SUJET.

TOUS les cent-dix ans les Romains devoient célébrer des Fêtes solemnelles en l'honneur des Dieux, pendant trois jours & pendant trois nuits. Ces Fêtes ou ces Jeux qu'on apelloit Séculaires, devoient être célébrez suivant une prétenduë prédiction contenuë dans les Livres des Sibylles, qui annonçoient que l'Empire Romain se maintiendroit dans toute sa gloire, tant que ces Fêtes seroient exactement célébrées.

Ces Livres des Sibylles, qui n'étoient recommandables que par la crédulité des Romains, étoient gardez par quinze Prêtres dans le Temple qu'Auguste avoit fait bâtir sur le Mont Palatin en l'honneur d'Apollon.

Ces Jeux furent faits sous Auguste avec un apareil & une magnificence extraordinaires. Après que pendant les deux premiers jours, & les deux premieres nuits, on eut chanté des hymnes en divers Temples en l'honneur des Dieux; le troisiéme jour on se rendit dans le Temple d'Apollon Palatin, & là un chœur de vingt-sept jeunes garçons, & un chœur de vingt-sept jeunes filles, chantérent, en se répondant, l'hymne que voici en l'honneur d'Apollon, de Diane, & des Parques. Horace l'avoit composée par l'ordre d'Auguste, comme l'Auteur de la vie de ce Poëte nous l'aprend. Suet. in Vita Horatii.

Q. HORATII FLACCI

CARMEN SÆCULARE.

Phœbe, ſylvárumque potens Diána;
Lúcidum cæli decus, ô colendi
Semper, & culti; date quæ precámur
Témpore ſacro:

Quo, Sibyllíni monuére verſus
Vírgines lectas, púeroſque caſtos,
Dîs quibus ſeptem placuére colles,
Dícere carmen.

REMARQUES.

1. POTENS SYLVARUM. C'eſt ici une façon de parler que les Latins avoient imitée des Grecs. Les Grecs mettent le génitif après l'adjectif en ſous entendant la prépoſition ἐκ qui gouverne le génitif, comme nous diſons en françois *plein de*, &c. Le voiſinage des Grecs, & ſurtout celui de la grande Gréce qui étoit dans l'Italie même, & plus encore leur réputation dans les lettres, a fait prendre aux Latins pluſieurs de leurs façons de parler.

2. AUSQUELS LES SEPT MONTAGNES DE ROME ONT PLÛ; c'eſt-à-dire, *qui ont pris Rome ſous leur protection:* ces ſept montagnes étoient le mont Aventin, le Palatin, le Capitolin, le Viminal, l'Eſquilin, le Quirinal & le mont Cælius. Dans la ſuite on ajoûta le Vatican & le Janicule.

O Phœbe, atque Diána potens ſylvárum 1.
O Phœbus, & Diane puiſſante des forêts :
qui es Déeſſe

(ô vos) decus lúcidum cæli, ô (vos)
ô vous ornement brillant du ciel, ô vous

colendi ſemper, &
qui devez être honorez toujours, &

culti ſemper; date
qui avez été honorez toujours; donnez
accordez-nous

(ea negótia) quæ précamur
ces choſes que nous prions
ce nous vous demandons

(in hoc) témpore ſacro:
dans ce temps ſacré:

(In) quo verſus Sibyllíni monuére
dans lequel les vers Sibyllins ont averti
des Sibylles

vírgines lectas, atque púeros caſtos,
les vierges choiſies, & les jeunes garçons chaſtes,
pieux,

dícere carmen Diis, quibus 2.
de dire un cantique aux Dieux, auxquels
de chanter

ſeptem colles (Romæ) placuére.
les ſept collines de Rome ont plû.

Alme sol, curru nítido diem qui
Promis & celas, áliusque & idem
Náſceris ; poſſis nihil urbe Româ
Viſere majus.

Ritè maturos aperíre partus
Lenis Ilithyia, tuére matres :
Sive tu Lucína probas vocári
Seu Genitális.

3. ALME : *Almus* vient d'*alere*, il ſe prend pour *ſalutaire*, *favorable*, *doux* ; mais je ne crois pas qu'on doive le traduire par *beau*.

4. PRÆ ſignifie *devant*, *avant*, *pluſque* ; c'eſt une prépoſition qui marque préférence, *præ nobis beatus* Cic. *heureux avant nous* ; c'eſt-à-dire, *plus heureux que nous*. C'eſt cette prépoſition qui gouverne l'Ablatif qu'on met après le comparatif, je la traduis ici par *que* pour plus grande facilité, elle ſignifie auſſi *à cauſe*.

5. ILITHYIA εἰλείθυια ab ἐλεύθω *venio* quod Lucina invocetur ut partus veniat in lucem.

SIVE TU PROBAS VOCARI : Les Payens portoient la ſuperſtition juſqu'à croire qu'il y avoit des noms plus agréables aux Dieux les uns que les autres, & ſous leſquels ils aimoient mieux être invoquez ; & ils craignoient de s'y méprendre.

6. LENIS APERIRE. Il n'y a rien de ſi commun en grec & en latin qu'un infinitif après un adjectif, ſur-tout dans les Poëtes : c'eſt encore une façon de parler que les Latins ont priſe des Grecs. Les Langues vulgaires mettent une prépoſition entre deux, & cette prépoſition nous fait connoître celle qu'il faut ſous-entendre en grec & en latin, comme la Méthode de P. R. l'a remarqué dans l'avertiſſement de la Regle 8.e de la Syntaxe : cependant je n'ai pas oſé en exprimer ; il ſuffit en effet d'obſerver que c'eſt une façon de parler priſe des Grecs. *Lenis aperire*, *id eſt*, *Lenis in aperiendis ſeu producendis partubus* : *quæ leniter*, *ſeu cum minimo dolore producis partus*.

Sol alme qui 3.
Soleil, qui animes & nourris toutes choses, qui

promis & celas diem (cum) curru
fais paroître & caches le jour avec un char

nitido, (atque qui) náſceris álius &
brillant, & qui renais autre &
différent

idem, (útinam) poſſis víſere
le même, que tu puiſſes voir
puiſſes-tu ne rien voir

nihil majus (præ) urbe Româ: 4.
rien plus grand que la Ville Rome:
de plus puiſſant de Rome

O Ilithyia lenis aperíre 5. 6.
O Ilithyie douce à ouvrir
qui mets doucement au jour

ritè partus matúros, tuére
à propos les enfantemens mûrs, protege
les enfans prêts

matres; ſive tu probas vocári
les méres; ſoit que tu aprouves d'être apellée
aimes

Lucína, ſeu Genitális. 7.
Lucine, ou Genitale.

Parce precor gravidis facilis Lucina puellis,
Maturumque utero molliter aufer onus. *Ovid. Faſt. 2.*

7. LUCINA: ce mot vient de *lux*, parcequ'elle mettoit les enfans au jour, *aut quia principium tu Dea lucis ha-*

Diva prodúcas sóbolem, Patrumque
Prósperes decréta super jugandis
Féminis, prolisque novæ feráci
Lege marítâ.

ba. (Ovid. Fast. 2.) On l'apelloit aussi en cette qualité *Juno Lucina. Juno* en cette occasion ne signifie point la Déesse Junon, femme de Jupiter, qui présidoit aux nôces : c'est plutôt une èpithéte de Lucine apellée *Juno à Juvando, quasi juvans.* C'est ainsi que les Génies des femmes s'apelloient *Junones*, & ceux des hommes *Genii*, car les Payens croyoient qu'il y avoit une Divinité attachée à chaque personne. *Singulis aut Genium aut Junonem dederunt.* (Sen. Ep. 110.)

8. LEGE MARITA. La Loi concernant les Mariages. Les Payens qui n'étoient occupez que des avantages temporels avoient condamné le Célibat : il y avoit des peines pour ceux qui ne se marioient point, ils étoient incapables de recueillir des successions : *Cælebs capere hæreditatem prohibetur propter legem Juliam.* (Ulp. in frag. Tit. 22.) *Qui hæredes institui possunt.* Auguste avoit renouvellé cette Loi : *Leges quasdam ex integro sanxit, ut de adulterio, de pudicitiâ & de maritandis ordinibus quam aliquantò severiùs emendavit.* (Suet. in vitâ Aug.) Cette Loi fut abrogée par Constantin & par d'autres Empereurs Chrétiens, comme il paroît par le Titre du Code *de infirmandis pœnis cœlibatûs & orbitatis.*

Au reste, Horace a dit *Lege maritâ*, comme Properce a dit *marita fides :* Plaute *marita pecunia ;* Ciceron *marita domus*, &c. Un sçavant Commentateur moderne croit que *marita* est ici l'imperatif du verbe *maritare ;* mais il ne me paroît pas qu'il soit du génie de la Langue Latine, de mettre ces sortes de verbes sans aucun régime, sur-tout à l'actif : *Maritat vite populos.* Hor. &c.

D'ailleurs le passage de Suetone, qui nous aprend que cette Loi s'apelloit *de Maritandis*, nous fait encore bien voir qu'Horace a pû l'apeller *marita*, sans craindre de n'être pas entendu.

(O)	Diva	(precámur	ut)	prodúcas
O	*Déesse*	*nous prions*	*que*	*tu étendes*
				tu portes bien loin

sóbolem	(Romanórum),	atque	ut
la postérité	*des Romains,*	*&*	*que*

prósperes	Decréta	Patrum
tu fasses réussir	*les Décrets*	*des Pères*
	les Arrests	*des Sénateurs*

super	féminis	jugandis
sur	*les femmes*	*qui doivent être mariées*
touchant		

atque	super	lege	marítâ	8,
&	*touchant*	*la Loi*	*Maritale*	
			concernant les Mariages	

ferāci	prolis	novæ,
qui portera l'abondance	*d'une race*	*nouvelle.*

(sub	te	favente.)
sous	*toi*	*favorisant*
si tu		*la favorises.*

Certus undénos décies per annos
Orbis, & cantus, réferatque ludos
Ter die claro, tótiesque gratâ
Nocte frequentes.

Vosque veráces cecinisse Parcæ,
Quod semel dictum est, stábilisque rerum
Términus servat, bona jam peractis
Júngite fata.

9. DECIES UNDENOS, dix fois onze ans; c'est-à-dire cent-dix ans, un siécle. Servius remarque que le siécle a été pris pour l'espace de cent-dix ans, quelquefois pour mille, souvent pour moins.

10. REFERAT TER DIE CLARO; c'est-à-dire pendant trois jours & trois nuits.

11. PARCÆ: communément on tire l'étymologie de ce mot *quia nemini parcunt*, par Antiphrase, *sic lucus*, dit *Servius*, *quòd non luceat*. Mais Augustin Dathus, Sanctius, & quelques autres guidez par des idées plus justes, disent que l'Antiphrase est une espéce d'ironie, & supose plusieurs mots; & par conséquent ne sçauroit avoir lieu dans l'étymologie d'un seul: il y a en effet je ne sçai quoi d'oposé à l'ordre naturel, de nommer une chose par son contraire, d'apeller lumineux un objet, parcequ'il est obscur.

Parcæ, selon ces Auteurs, vient ou de *parcus quia parcè nobis vitam tribuunt*, ou de *partiri*, parcequ'elles partagent aux hommes le bien & le mal, & déterminent le cours de leur vie, ou enfin parceque leurs fonctions sont partagées entre elles. *Parcæ quasi partitæ:*

Clotho colum retinet, Lachesis net, & Atropos occat.

A l'égard de *Lucus*, il vient ou d'un mot étrurien, selon Sanctius, ou plutôt *à lucendo*; parceque comme il n'étoit pas

permis

(Precámur ut) orbis certus
Nous te prions que un cercle certain
une révolution constant

annórum (ductus) per décies undénos 9.
d'années conduit pendant dix fois onze
fait cent-dix

annos, réferat ter (in) die 10.
ans, ramène trois fois de suite dans un jour,

claro, tótiesque (in) nocte
brillant, & autant de fois dans une nuit

gratâ & cantus, atque ludos
agréable & les chants, & les jeux

frequentes :
célébrez par un grand concours de monde :

Vosque (ô) Parcæ veráces 11.
Et vous ô Parques véridiques

cecinisse ; (namque) términus
après avoir chanté, car un terme
dans vos prophéties ; une borne

stábilis rerum servat (illud) 12.
qui donne la stabilité des choses garde ce
maintient

quod dictum est semel (à vobis), júngite
qui a été dit une fois par vous, ajoûtez

fata bona (fatis) jam peractis.
des destinées bonnes aux destinées déja passées.
heureuses

Fértilis frugum, pécorisque Tellus
Spíceâ donet Cérerem coronâ :
Nútriant fetus & aquæ salúbres,
Et Jovis auræ.

Cóndito mitis plácidusque telo,
Súpplices audi púeros, Apollo ;
Síderum regína bicornis, audi
Luna, puellas.

permis par respect de couper de ces bois, ils étoient fort épais, & par conséquent fort obscurs ; ainsi le besoin autant que la superstition, avoit introduit l'usage d'y allumer des flambeaux. Voyez l'Apologétique de Tertullien qui se moque de cet usage.

12. STABILIS RERUM, idest, *dans stabilitatem rerum*, qui donne la stabilité, qui rend les choses stables. *Dare stabilitatem*, est de Ciceron.

Ces adjectifs qui viennent des verbes peuvent quelquefois être considérez comme renfermant le substantif qui gouverne le génitif suivant, de la même maniere que *pœnitet* se réduit à *pœna tenet* ; mais à moins que cela ne soit bien clair, il vaut mieux s'en tenir à l'Hellénisme qui est la véritable raison de ces génitifs, comme nous l'avons remarqué sur *potens sylvarum*. Il en est de même de *ferax prolis novæ*, &c.

Ce qu'Horace dit ici fait allusion à l'usage des termes ou bornes. Sous les ruines du Capitole on trouva une Statuë du Dieu Terme, qui y avoit été mise pou rassurer la perpétuité de l'Empire Romain.

13. SPICEA. Il faut faire bien remarquer ces adjectifs que nous sommes obligez de rendre par des substantifs avec le secours de la préposition *de*. Notre langue est quelquefois plus pauvre, & quelquefois plus riche que la latine.

14. DONET CEREREM. Les Latins disoient *donare aliquem dono*, comme nous disons combler quelqu'un de bienfaits, le gratifier, le pourvoir : c'est pourquoi on disoit au passif *donatus, donari*, &c. ils disoienr aussi *donare aliquid alicui*. La Traduction littérale bannissant toutes les

(Precámur ut) Tellus fértilis (à

Nous prions que la terre fertile par

proventu) frugum pécorisque,

l'abondance à venir de fruits & de bétail,

donet Cérerem à coróna spíceâ, & 13. 14.

gratifie Cerès de une couronne d'épics, &

(ut) aquæ salúbres & auræ

que des eaux salutaires & les airs

saines un air sain

Jovis nútriant fetus. 15.

de Jupiter nourrissent ces productions.

Apollo mitis plácidusque (à) telo 16.

Apollon doux & paisible après ton dard

tes traits

cóndito, audi púeros súpplices.

enfermé, écoute les jeunes garçons suplians

qui te prient.

ô Luna bicornis, regina síderum 17.

ô Lune à deux cornes, reine des astres

audi puellas.

écoute les jeunes filles.

Roma si vestrum est opus, Iliæque
Littus Etruscum tenuêre turmæ,
Jussa pars mutáre lares & urbem
Sóspite cursu :

remarques sur les différens régimes des verbes, ne considére que le tour, qui étoit dans l'esprit de celui qui a parlé. Ainsi quand on trouve *circumdare custodias alicui* Cic. c'est donner des gardes à quelqu'un autour de lui ; & de même *circumdare mœnia oppido* Cic. donner des murailles à une Ville tout autour, *circumdare oppidum mœnibus*, Cæsar, c'est enfermer une Ville de murailles.

15. FETUS signifie toute sorte de productions, & ne tombe pas seulement sur *pecoris : fetus terræ*, Cic. *fetus animi*, &c.

16. TELO. *Telum*, signifie toute arme à jetter de loin. A TELO. La préposition *à* marque en général le terme ou le départ d'où une chose vient, & c'est pourquoi elle signifie aussi *après : à jentaculo*, Plaute, aprés le déjeuné ; *à cœnâ*, après le souper ; *à Mundo condito, à Pueritiâ :* & dans Virgile Æn. 1. *revocato à sanguine Teucri*, après avoir rapellé le sang de Teucer. Je suplée cette préposition en ce sens devant plusieurs ablatifs.

17. BICORNIS. On croit que ces Jeux Séculaires ont été célébrez dans le temps de la nouvelle Lune.

LUNA *quasi Lucina*, de *Lucére*.

18. SOSPES, qui est échapé de quelque danger : il faut se rapeller ici l'histoire du voyage d'Enée décrit dans Virgile.

Si	Roma	eſt	veſtrum	opus,	atque	ſi
Si	*Rome*	*eſt*	*votre*	*ouvrage,*	*&*	*ſi*

turmæ	íliæ	tenuêre	littus
des troupes	*troyennes d'ilium*	*ont poſſedé*	*le rivage*

etruſcum,	(hæ	turmæ	quæ	erant)
étrurien de l'Etrurie,	*ces*	*troupes*	*qui*	*étoient*

pars	(Trojanórum)	juſſa	(à
une partie une troupe	*de Troyens*	*commandée*	*par*

vobis)	mutáre	lares
vous	*de changer*	*leurs lares leurs Dieux domeſtiques*

&	urbem	(à)	curſu	ſóſpite: 18.
& leur	*ville*	*par*	*une courſe une navigation*	*heureuſe:*

Cui, per ardentem ſine fraude Trojam,
Caſtus Ænéas Pátriæ ſuperſtes,
Líberum munívit iter; datúrus
Plura relictis:

Dî probos mores dócili juventæ,
Dî ſenectúti plácidæ quiétem,
Rómulæ genti date remque prolemque
Et decus omne.

19. DATURUS PLURA. Ces plus grands avantages, c'eſt l'Empire Romain, qui devoit être donné à la poſtérité d'Enée & à celle de ſes compagnons.

20. ROMULÆ GENTI. *Romulus, a, um,* adj. On dit auſſi *Romuleus, Romulida, arum* & *Romulides, um.* Je ne fais cette remarque, que parceque je ne ſçai par quelle fatalité ces mots qui ſont dans Horace, Virgile, Martial, &c. ne ſe trouvent point dans les Dictionnaires ordinaires.

Cui (parti) castus Ænéas superstes
A laquelle troupe le chaste Enée survivant
le pieux

Pátriæ, munívit sine fraude
à sa patrie, fit sans danger
ouvrit sans qu'il leur arrivât aucun mal

iter líberum per Trojam
un chemin libre au travers de Troye

ardentem, datúrus (bona) 19.
ardente, devant leur donner des biens
en feu, destiné à leur donner des avantages

plura (præ) relictis.
en plus grand nombre que ceux qu'ils avoient laissez.

Dii (date) probos mores juventæ
Dieux donnez de bonnes mœurs à la jeunesse

dócili, Dii (date) quiétem
susceptible d'instruction, Dieux donnez le repos

senectúti plácidæ, date
à la vieillesse qui aime la tranquillité, donnez

genti Rómulæ remque 20.
à la race de Romulus & du bien
au peuple Romain

prolemque & omne decus.
& une longue postérité & tout honneur
toute sorte de gloire.

Quique vos bobus venerátur albis,
Clarus Anchísæ vénerisque sanguis,
Imperet bellante prior, jacentem
Lenis in hostem.

Jam mari terrâque manus pótentes
Medus Albánasque timet secúres;
Jam Scythæ responsa petunt, superbi
Nuper & Indi.

21. CLARUS ANCHISÆ SANGUIS. On doit entendre ceci d'Auguste personnellement, comme d'anciens Commentateurs l'ont remarqué. Il étoit de la race des Jules par sa mére Accia, fille de Julie, sœur de Jules César; & il avoit été adopté par cet Empereur. La Famille des Jules prétendoit descendre de Iule fils d'Enée, & Enée étoit fils d'Anchise & de Vénus.

22. ALBANAS. Les habitans d'Albe furent transférez à Rome sous le Roi Tullus Hostilius, & ne firent plus qu'un même Peuple avec les Romains. C'est une façon de parler figurée, la partie pour le tout, Métonymie.

SECURES. Les Haches que l'on portoit devant ceux qui étoient revêtus des premieres Dignitez de la République. *Timet secures.* C'est encore une expression figurée pour dire il craint les Romains.

23. RESPONSA PETUNT; nous écrivent pour sçavoir nos volontez, demandent nos ordres.

24 CARME-

(Atque precamur ut ille) sanguis clarus 21.
Et nous prions que ce sang illustre

Anchisæ Venerisque qui vos veneratur
d'Anchise & de Vénus qui vous honore

(à) bobus albis imperet prior
par des bœufs blancs commande ayant l'avantage

præ hoste bellante, lenis
avant un ennemi qui lui fait la guerre; & doux
sur

in hostem jacentem.
envers un ennemi abatu.
qui se rend.

Jam Medus timet manus potentes
Déja le Mede redoute nos mains puissantes

(in) terrâ marique atque secures Albanas. 22.
en terre & sur mer & les haches Albaines.
sur Romaines.

Jam Scythæ & Indi nuper
Déja les Scythes & les Indiens peu auparavant

superbi petunt responsa. 23.
fiers demandent des réponses.
des décisions.

Jam fides, & pax, & honor, pudórque
Priſcus, & neglecta redíre virtus
Audet, appáretque beáta pleno
Cópia cornu.

Augur, & fulgente decórus arcu
Phœbus, acceptuſque novem Caménis,
Qui ſalutári levat arte feſſos
Córporis artus;

* SI PHOEBUS. Le *Si* eſt de la Strophe ſuivante.

24. CAMENIS. Les Muſes, *quaſi Caſména*, ce mot vient de *carmen*, on diſoit autrefois *caſmen*. Varron.

25. ARTE SALUTARI. Apollon étoit l'Inventeur de la Médecine, *inventum Medicina meum eſt*. Ovid. Met. Æſculape ſon fils en étoit le Dieu d'une maniere plus particuliere.

26. ARTUS; c'eſt proprement les jointures du corps, il ſignifie les membres dans un ſens plus étendu. Racine, *Arto*. Je reſerre.

Jam fides, & pax, & honor
Déja la bonne foi, & la paix, & l'honneur

pudorque priſcus, & virtus neglecta
& la pudeur ancienne, & la vertu négligée

audet redíre, & beáta cópia appáret
oſe revenir, & l'heureuſe abondance paroît

(cum) cornu pleno.
avec ſa corne remplie.

Si * Phœbus Augur, & decórus
Si Phébus Augure, & orné
Dieu des Augures,

(ab) arcu fulgente, acceptuſque novem
par un arc brillant, & reçû aux neuf
agréable

Caménis, qui (ab) arte ſalutári levat 24. 25.
Muſes, qui par un art ſalutaire ſoulage
guérit

artus feſſos córporis; 26.
les membres abatus du corps;
malades

Si Palatínas videt æquus arces;
Remque Románam, Látiumque felix;
Alterum in lustrum, méliusque semper
Próroget ævum.

Quæque Aventínum tenet Algidumque,
Quíndecim Diána preces virórum
Curet, & votis puerórum amícas
Applicet aures.

27. PALATINAS ARCES. Le Palais d'Auguste étoit sur le mont Palatin. *Habitavit primùm juxta Romanum forum.. posteà in Palatio. Suet. in vitâ August.* Ce mont avoit été la demeure des Rois de Rome, d'où vient *Palatia*, les Maisons Royales. Auguste après la Bataille d'Actium avoit fait bâtir un Temple superbe à Apollon sur le mont Palatin.

28. ALTERUM IN LUSTRUM. *Lustrum* ne se prend pas ici pour le lustre qui revenoit tous les cinq ans; mais pour les expiations séculaires. Le *semper* tombe également sur *alterum* & sur *melius*, proroge toujours de siécle en siécle.

Si, (inquam, ille Deus) æquus videt
Si, dis-je, ce Dieu favorable regarde
regarde favorablement

arces Palatínas, (útinam) 27.
les grands édifices du mont Palatin, que

próroget semper remque Románam
il proroge toujours & la chose Romaine
il conserve la République Romaine

atque felix Látium in álterum
& l'heureux Latium dans un autre
le païs Latin

lustrum (atque in) ævum 28.
lustre & dans un siecle
temps d'expiation un temps

semper mélius. (Atque útinam)
toujours meilleur. Et que

Diána quæ tenet montem
Diane qui possède le mont
a un Temple sur

Aventínum Algidumque, curet preces
Aventin & le mont Algide, exauce les priéres
fasse attention aux

quíndecim virórum (custódum cárminum
des quinze hommes gardiens des vers

Sibyllárum) & (útinam) ápplicet aures
des Sibylles & que elle prête des oreilles

amícas votis puerórum.
amies aux vœux des jeunes gens.
favorables

Hæc Jovem ſentíre, Deoſque cunctos,
Spem bonam, certamque domum reporto,
Doctus, & Phœbi chorus, & Diánæ
Dícere laudes.

29. CHORUS REPORTO. On regarde ici le chœur comme une perſonne; cela eſt ordinaire chez les anciens : d'ailleurs le chœur, quoique compoſé de pluſieurs perſonnes, n'eſt conſidéré que ſous une idée ſinguliére, comme quand on dit une troupe, une Ville, une Armée, &c.

30. SPEM REPORTO DEOS SENTIRE : c'eſt une façon de parler latine; on dit en françois, je m'en retourne avec une confiance entiére *que* les Dieux ont ces ſentimens. Les difficultez ſur les *que* qui font tant de peine aux jeunes gens, s'évanouiſſent par cette maniére d'expliquer. Il n'y a qu'à faire remarquer la façon de parler latine, que quelques langues vulgaires conſervent encore aujourd'hui, & oppoſer la façon de parler françoiſe. Ceux qui donnent d'autres régles, font préciſément, comme ſi pour apprendre que le *pain* ſe dit *panis*, ils diſoient qu'il faut conſerver la premiere ſyllabe *pa*, enſuite mettre l'*n* avant l'*i*, & ajoûter une *s*.

(Ego)	chorus	doctus	dícere	laudes	29.
Moi	*chœur*	*instruit*	*à dire* *à chanter*	*les louanges*	

&	Phœbi	&	Diánæ	reporto	(ad)	30.
&	*de Phébus*	*&*	*de Diane*	*je remporte*	*à*	

domum	spem	bonam	certamque
ma demeure	*une espérance*	*bonne*	*& assurée*

Jovem	cunctosque	Deos
Jupiter	*& tous*	*les Dieux*

sentíre	(hæc	negótia).
penser *avoir ces sentimens*	*ces*	*choses.*

On donnera Térence, Horace, Virgile, & Juvénal dans le même ordre.

SYNTAXE.

Voici les Demandes que l'on fait ensuite pour apprendre la Syntaxe.

D. POurquoi *Phœbe* est-il au vocatif ?
R. Parceque c'est à *Phœbus* à qui on adresse la parole. Le vocatif vient de *vocare* apeller.

D. Pourquoi est-il au vocatif singulier ?

R. Parcequ'on ne parle que d'un seul.

D. *Scythæ & Indi petunt responsa :* Pourquoi *Scythæ & Indi* sont-ils au nominatif ?

R. Parcequ'ils sont le sujet de la proposition.

D. Qu'est-ce qu'une proposition ?

R. Une proposition est un assemblage de mots qui font un sens déterminé, ou bien, c'est un jugement énoncé.

D. Qu'est-ce que juger ?

R. C'est penser une chose d'une autre, comme

La Terre est ronde.
La Vertu est aimable.
Le Soleil est lumineux.

Quand je pense que *la Terre est ronde*, c'est un jugement. Quand je le dis, c'est une proposition.

D. Qu'est-ce que le sujet de la proposition ?

R. Le sujet de la proposition c'est ce dont on juge, comme *la Terre est ronde : la Terre*, est le sujet de la proposition ; c'est-à-dire, que c'est de *la Terre* que je juge qu'elle est ronde.

D. Pourquoi est-ce que dans cette proposition *Scythæ & Indi petunt responsa, Scythæ & Indi* sont le sujet de la proposition ?

R. Parceque c'est d'eux que l'on dit qu'ils demandent

demandent des réponses, c'est d'eux que l'on juge, & c'est pourquoi on les met au nominatif, c'est-à-dire au cas où l'on nomme ce dont on juge.

D. N'y a-t-il que le sujet à remarquer dans une proposition ?

R. Il y a encore le verbe & l'attribut.

D. Qu'est-ce que le verbe ?

R. C'est le mot qui marque que l'on juge, c'est-à-dire, que l'on pense une chose d'une autre : par exemple, *la Terre est ronde ;* le mot *est*, c'est le verbe, c'est-à-dire que c'est le mot qui marque que je juge que la Terre est ronde, *Ronde*, est l'attribut, c'est-à-dire que c'est ce que je pense de la terre ; c'est la propriété que je lui attribuë.

D. N'y a-t-il que le mot *être* qui soit un verbe ?

R. Outre ce verbe simple, il y a encore tous ceux qu'on peut appeller composez ou adjectifs, parcequ'ils renferment le verbe simple & l'attribut : comme *sedet* il est assis ; *sapit* il est sage ; *favet* il est favorable ; *amat* il aime, c'est-à-dire il est aimant ; *legit* il lit, c'est-à-dire il est lisant, &c.

D. D'où vient que dans cette proposition *petunt responsa*, *responsa* est à l'accusatif ?

R. Parceque *responsa* est le terme de l'action que le verbe composé signifie. Quand on demande, on demande quelque chose ; ce qu'on demande s'appelle le terme ou l'objet de l'action de demander, & en ce sens se met à l'accusatif. Ce cas s'appelle accusatif, parceque c'est par lui que l'on accuse, c'est-à-dire que l'on déclare quel est le terme de l'action que fait l'Agent. *Apollo levat artus fessos* ; ces mots *artus fessos* sont à l'accusatif, parcequ'ils font connoître quel est le terme ou l'objet de l'action de *levat*. Ainsi de tous les autres accusatifs après un verbe.

Remarque.

Docet pueros circa Grammaticam doit être traduit : il instruit les enfans touchant ou sur la Grammaire. *Docére* signifie proprement instruire : le terme de l'action de *docére*, & le terme de l'action d'instruire est une personne, au lieu qu'enseigner a pour objet la science qu'on enseigne. Cette justesse de la Traduction littérale dissipe toutes les difficultez : car comme on ne dit pas en françois *la Grammaire est instruite aux enfans*, de même on ne dit point en latin *Grammatica docétur pueros*. Les enfans comprendront plus aisément ceci que toutes les régles qu'on leur donne sur le verbe *docére* ; c'est pourquoi dans le Rudiment j'ai traduit *docére* instruire, & non pas enseigner.

D. *Artus corporis*. Pourquoi *corporis* est-il au génitif ?

R. Parceque lorsqu'il y a deux substantifs de suite qui ne sont pas pris dans le même sens, on met le second au génitif. *Decus cœli*, &c.

D. Pourquoi ce cas est-il apellé génitif ?

R. Ce mot vient de *gignere* engendrer, parceque c'est du génitif que les autres cas se forment.

D. Quand est-ce qu'on met un nom au datif ?

R. On met au datif le mot qui signifie ce à quoi ou à qui on donne ou on attribuë quelque chose ; c'est le cas de l'attribution, & c'est pour cela que ce cas s'apelle datif du verbe *dare* donner, *date quietem senectuti*. On met aussi à ce cas les mots qui sont considérez sous des raports semblables à celui de donner, & même d'ôter : comme le raport de fin, *finis cui*. Ce que l'usage & les exemples aprennent, comme *mihi gratus*, agréable à moi ; *acceptus novem Camenis*, agréable aux neuf Muses ; *favere alicui*, être favorable à quelqu'un ; *ſtudere Philoſophiæ*, s'apliquer à la Philoſophie ; *prodeſſe alicui*, être utile à quelqu'un, &c.

D. Quand eſt-ce qu'on met un nom à l'ablatif ?

R. L'ablatif eſt le cas de certaines prépoſitions. Il n'y a jamais d'ablatif ſans une de ces prépoſitions, exprimée ou ſous-entenduë.

REMARQUE.

A l'égard de l'étymologie de l'ablatif il vient d'*ablatus* ôté ; voici ce que Perizonius en dit. *Denominationes caſuum factæ ſunt à potiſſimo uſu, hic autem in ablativo eſt, quòd regitur à præpoſitionibus quæ unde quid ſumitur & proficiſcitur, maximam partem ſignificant. Perizonius in Sanctii Minervam, l. 1. c. 6. n. 3.* Priſcien remarque auſſi que, *Multas alias & diverſas unuſquiſque caſus habet ſignificationes, ſed à notioribus & frequentioribus acceperunt nominationem. Priſc. l. 5.*

Ainſi ce cas marquant ordinairement le tranſport d'une choſe à une autre par le moyen des prépoſitions, s'apelle ablatif d'*ablatus* ôté. *Auferre aliquid ab aliquo.*

D. Comment appelle-t-on ces mots Nominatif, Génitif, Datif, &c ?

R. On les apelle les cas, ce mot vient de *caſus*, chute, accident ; parceque les cas ſont comme les différentes chutes d'un même mot, ils en marquent les différens accidens.

D. A quoi ſervent les cas ?

R. Ils ſervent à marquer les différens raports ſous leſquels on conſidére un même mot.

D. Pourquoi Horace a-t-il dit *lucidum decus* ; & non pas *lucidus* ou *lucida* ?

R. Parceque *decus* eſt du genre neutre, & que

l'adjectif doit s'accorder avec le ſubſtantif en genre, en nombre, & en cas.

D. Qu'eſt-ce que le nom ſubſtantif?

R. Le nom ſubſtantif eſt un mot qui marque une choſe qui ſubſiſte, comme *le Soleil, la Lune*, &c. ou qui eſt conſidérée comme ſubſiſtant : par exemple, *le courage, la beauté*, &c.

D. Qu'eſt-ce que l'adjectif?

R. Ce mot adjectif ſignifie ajoûté; c'eſt le mot qui ajoûte au ſubſtantif une qualité ou maniere d'être; c'eſt un mot qui exprime une propriété du ſubſtantif.

D. Pourquoi l'adjectif s'accorde-t-il avec le ſubſtantif en genre, en nombre & en cas?

R. Parceque l'adjectif ne marque que la maniere d'être d'une choſe, il ne ſert qu'à en faire conſidérer une propriété : or la propriété d'une choſe, c'eſt la choſe même avec ſa propriété. *Le Soleil eſt lumineux*; ce terme *lumineux* qu'on dit du Soleil, ne ſert qu'à faire conſidérer une qualité du Soleil, laquelle n'eſt autre choſe que le Soleil même : ainſi l'adjectif n'étant qu'une même choſe avec le ſubſtantif, il doit ſe mettre ſelon tous les mêmes raports.

Voilà les véritables raiſons des cas & du raport que les parties du Diſcours ont entre elles, en quoi conſiſte toute la Syntaxe : la Traduction littérale rend ces raiſons uniformes dans les endroits les plus difficiles, qui n'ont donné lieu aux régles des Méthodes ordinaires, que par la différence qui ſe trouve entre les tours d'une langue & ceux d'une autre, & par les mots ſous-entendus; ces deux obſtacles ſont diſſipez par le ſuplément des mots ſous-entendus, & par la traduction littérale qui conſerve le tour de la Langue Latine.

Ce que l'on vient de dire ici de la Syntaxe, se voit plus en détail dans la Syntaxe qui est à la fin du nouveau Rudiment, où l'on donne à chaque cas les exemples les plus embarrassans, & où l'on parle des nombres, des genres, des temps des verbes, & des autres parties du Discours. Je répéterai seulement que quoique ceci paroisse métaphysique, j'ai éprouvé plusieurs fois que les enfans d'une capacité ordinaire l'entendent & le retiennent plus aisément, qu'ils n'aprennent les régles communes.

DES ACCENS.

Il me reste un mot à dire sur les Accens. Il est essentiel de faire prendre de bonne heure aux enfans l'habitude de bien prononcer le latin.

Nous ne sçaurions parvenir à la prononciation des anciens, & cela seroit même fort inutile; nous ne faisons sentir aujourd'hui la quantité des mots latins que par raport à la pénultiéme. Si elle est longue, on met un accent aigu par-dessus; mais si elle est bréve, nous élevons l'antépénultiéme, afin de passer légérement sur la pénultiéme; & alors on met l'accent aigu sur cette antépénultiéme, pour marquer qu'on doit l'élever.

L'usage de l'accent aigu en grec & en latin, est de marquer qu'il faut élever la syllabe; mais il ne marque nullement la quantité de la syllabe sur laquelle il est placé, comme Messieurs de P. R. l'ont fait voir dans le Traité des Accens. Ainsi on met également l'accent aigu sur *Dóminus* & sur *Dórius*, parcequ'on les prononce également, quoique dans les vers *do* ſoit bref en *Dóminus* & long en *Dórius*; & ce ſeroit une égale faute de ne pas s'arrêter aſſez, ou de s'arrêter trop long-temps ſur l'un ou ſur l'autre.

Les Grecs mettent auſſi également le même accent ſur les ſyllabes bréves & ſur les longues, parcequ'encore un coup les accens ne ſont point faits pour marquer la quantité de ces ſyllabes, ils marquent ſeulement qu'il faut élever ou abaiſſer la voix. Ainſi ce ſeroit aller contre la nature des accens, & contre l'uſage que les Grecs & les Latins en ont fait, ſi on leur donnoit une nouvelle détermination, qui d'ailleurs ne ſeroit pas d'une grande utilité, puiſqu'elle ne pourroit ſervir que pour quelques mots.

L'accent grave n'eſt plus en uſage en latin depuis long-temps, on ne le met aujourd'hui que ſur la derniére ſyllabe des mots indéclinables.

Il faut auſſi laiſſer à l'accent circonflexe la poſſeſſion où il eſt de marquer les ſyncopes, l'ablatif de la premiére déclinaiſon, & le génitif de la quatriéme. Ce ſeroit jetter de la confuſion que de lui donner un autre uſage.

Si l'on veut aprendre la quantité des autres ſyllabes, cela ne ſervira que pour la verſification, & nullement pour la prononciation d'aujourd'hui; & alors on doit le faire dans un Traité à part.

Je ne mets point d'accent ſur les mots de deux ſyllabes, on prononce également *pater* & *mater*; je n'en mets pas non plus ſur la pénultiéme quand la voyelle eſt ſuivie de deux conſonnes, il ſeroit bien difficile de s'y méprendre.

Il eſt auſſi fort utile de faire marquer les accens à ceux qui écrivent.

APPROBATION.

J'AY lû par l'ordre de Monseigneur le Garde des Sceaux, un Ouvrage intitulé, *Exposition d'une Méthode raisonnée pour apprendre la Langue Latine, avec plusieurs autres petits Ouvrages latins & françois qui en contiennent la pratique, sçavoir un nouveau Rudiment, un petit Catechisme, & un Abregé de la Fable.* Il seroit à souhaiter qu'on voulût bien suivre cette Méthode, qui soulageroit beaucoup les commençans. A Paris ce 8 Juin 1722.

BANCE.

PRIVILEGE DU ROY.

LOUIS par la grace de Dieu, Roy de France & de Navarre: A nos amez & feaux Conseillers, les Gens tenans nos Cours de Parlement, Maîtres des Requêtes ordinaires de notre Hôtel, Grand Conseil, Prevôt de Paris, Baillifs, Sénéchaux, leurs Lieutenans Civils, & autres nos Justiciers qu'il apartiendra, SALUT. Notre bien amé le Sieur DU MARSAIS, Nous ayant représenté qu'il souhaiteroit faire imprimer & donner au Public un Ouvrage qui a pour titre, *Exposition d'une Méthode Raisonnée pour aprendre la Langue Latine avec la pratique, consistant en de nouveaux Rudimens, suivis d'un petit Catechisme latin, & d'un Abregé de la Fable, pour servir d'exemple à cette Méthode*, s'il Nous plaisoit lui acorder nos Lettres de Privilege sur ce necessaires: A ces causes, voulant favorablement traiter l'Exposant, Nous lui avons permis & permettons par ces Presentes, de faire imprimer ledit Ouvrage ci-dessus spécifié en tels Volumes, forme, marge, caracteres, conjointement ou separément, & autant de fois que bon lui semblera, & de le faire vendre, & debiter par tout notre Royaume pendant le temps de six années consecutives, à compter du jour de la date desdites Presentes. Faisons défenses à toutes sortes de personnes, de quelque qualité & condition qu'elles soient, d'en introduire d'impression étrangere dans aucun lieu de notre obéissance; comme aussi à tous Libraires, Imprimeurs &

autres d'imprimer faire imprimer, vendre, faire vendre, debiter, ni contrefaire ledit Ouvrage ci-dessus expliqué en tout ni en partie, ni d'en faire aucuns Extraits, sous quelque prétexte que ce soit d'augmentation, correction, changement de titre, même feuille séparée ou autrement, sans la permission expresse & par écrit dudit Exposant, ou de ceux qui auront droit de lui; à peine de confiscation des Exemplaires contrefaits, de trois mille livres d'amende contre chacun des contrevenans, dont un tiers à Nous, un tiers à l'Hôtel-Dieu de Paris, l'autre tiers audit Exposant, & de tous dépens, dommages & interêts. Faisons en outre défenses aux mêmes personnes & sous les mêmes peines énoncées ci-dessus, d'entreprendre d'imprimer, faire imprimer, vendre, faire vendre & debiter aucuns Livres travaillez suivant ladite Méthode expliquée & pratiquée dans ledit Ouvrage; à la charge que l'Exposant prendra de nouvelles Lettres de Privilege particulier pour chaque Auteur qu'il fera imprimer dans la suite, travaillez suivant ladite Méthode; & que ces Presentes seront enregistrées tout au long sur le Registre de la Communauté des Libraires & Imprimeurs de Paris, & ce dans trois mois de la date d'icelles; que l'impression dudit Ouvrage ci-dessus spécifié sera faite dans notre Royaume, & non ailleurs, en bon papier & en beaux caracteres, conformément aux Reglemens de la Librairie; & qu'avant que de les exposer en vente, les Manuscrits ou Imprimez qui auront servi de Copie à l'impression dudit Ouvrage, sera remis dans le même état où l'Aprobation y aura été donnée, ès mains de notre très-cher & feal Chevalier Garde des Sceaux de France le Sieur Fleuriau d'Armenonville; & qu'il en sera ensuite remis deux Exemplaires dans notre Bibliotheque publique, un dans celle de notre Château du Louvre, & un dans celle de notredit très-cher & feal Chevalier Garde des Sceaux de France le Sieur Fleuriau d'Armenonville; le tout à peine de nullité des Presentes: Du contenu desquelles vous mandons & enjoignons de faire jouir l'Exposant ou ses ayant cause pleinement & paisiblement, sans souffrir qu'il leur soit fait aucun trouble ou empêchemens. Voulons que la Copie desdites Presentes qui sera imprimée tout au long au commencement ou à la fin dudit Ouvrage soit tenue pour dûement signifiée, & qu'aux Copies collationnées par l'un de nos amez & feaux Conseillers & Secretaires, foi soit ajoûtée comme à l'Original. Commandons au premier notre Huissier ou Sergent, de faire pour l'execution d'icelles tous Actes requis & necessaires, sans demander autre permission, & nonobstant clameur de Haro, Charte Normande, & Lettres à ce contraires: Car tel est notre plaisir. Donné à Paris le vingt-sixiéme jour du mois de Juin l'an de grace mil sept cens vingt-deux, & de notre Regne le septiéme. Par le Roy en son Conseil, CARPOT.

Registré sur le Registre V. de la Communauté des Libraires & Imprimeurs de Paris, page 136. N° 156, conformément aux Reglements, & notamment à l'Arrest du Conseil du 13 Août 1703. A Paris le 6 Juillet 1722. Signé, DELAULNE, Syndic,

www.ingramcontent.com/pod-product-compliance
Ingram Content Group UK Ltd.
Pitfield, Milton Keynes, MK11 3LW, UK
UKHW031929260826
14628UKWH00004B/1512

9 782019 712136